CONTENTS

CHAPTER			PAGE
Chapter 1	Виртуальная реальность	Virtual reality	2
Chapter 2	Спутники	Satellites	13
Chapter 3	Язык и общение	Language and communication	24
Chapter 4	Зависимости в современном мире	Modern world addictions	36
Chapter 5	Байкал	Baikal	47
Chapter 6	Климат	Climate	65
Chapter 7	Красная Поляна	Krasnaya Polyana	82

CHAPTER 1
Виртуальная реальность

ЗАДАНИЕ 1. Посмотрите видео. Выберите верный ответ.

А) В дополненной реальности разница между настоящим и виртуальным …

| усовершенствуется | стирается | умывается |

Б) Журналист полагает, что мир …

| готов к виртуальной реальности | скоро накроет волна новой информации | иммигрирует в сказочно-прекрасную виртуальную реальность |

В) Журналист опасается, что когда дополненная реальность станет совершенной …

| слишком много информации о вас будет доступно каждому прохожему | люди ничего не захотят улучшать в реальном мире | мы не будем знать, как на самом деле выглядят наши близкие и друзья |

Интернет-магазины прекрасная вещь, но покупать одежду в них всегда было крайне неудобно. Невозможно сразу примерить, непонятно, как будет сидеть. В обычном магазине столько сил, времени уходит на то, чтобы найти то, что нужно. Но больше этой проблемы нет. В современной онлайн примерочной можно быстро найти то, что нужно, и сразу примерить понравившийся наряд. Вот так выглядит шоппинг в дополненной реальности. Такая же легкость нужна нам в развлечениях, спорте, работе. Разница между настоящим и виртуальным стирается, а значит, в выигрыше окажется тот, кто лучше научится создавать дополненную реальность.

Пять лет назад мобильным интернетом пользовалось всего 10% европейцев, а сегодня 3G сети накрыли всю обитаемой сушу, и полтора млрд человек регулярно выходят в сеть с телефона или планшета. Количество информации в интернете приблизительно два зеттабайта. И в развитых странах сеть содержит информацию о каждом автобусном маршруте, каждом музейном экспонате и практически о каждом человеке. Все готово для победного шествия принципиально новых технологий дополненной реальности. Сегодня большинство людей используют ее только в виде приложений к смартфону. Вы фотографируйте здания, и телефон рассказывает вам, в каком году оно было построено и что находится внутри.

1. крайне неудобно - extremely inconvenient
2. примерить - try on
3. примерочная - dressing room
4. наряд - outfit
5. стираться – to be erased
6. дополненная реальность - augmented reality
7. обитатель - inhabitant
8. суша - land
9. приблизительно - approximately
10. музейный экспонат - museum exhibit
11. победное шествие - victory procession
12. массовый потребитель - mass consumer
13. усовершенствование - improvement
14. плюшевый мишка - teddy bear
15. дворник - street cleaner
16. сказочно-прекрасный - fabulously beautiful
17. автогонщик - race driver
18. водительское мастерство - driving skill
19. чётко - clearly
20. нагрузка на руль - steering wheel load
21. кочка - hummock
22. крутить педали - to pedal
23. спуски и подъёмы - descents and ascents
24. Бутово (район Москвы) - Butovo (Moscow district)
25. Лазурный берег - Cote d'Azur
26. шлем - helmet
27. траектория - trajectory
28. планшет - tablet

Вы включаете GPS навигацию и узнаете, какие поблизости есть кафе, и кто из ваших друзей по социальным сетям сейчас находится там. Рынок технологий дополненной реальности в прошлом году оценивался в 180 000 000 $, но уже через четыре года вырастет до 5 миллиардов. Уже созданы первые очки дополненной реальности для массового потребителя. Вы наверняка купите их в следующем году.

Усовершенствование реальности будет развиваться лавинообразно. Сегодня вы можете посмотреть через очки дополненной реальности на девушку, чтобы тут же найти ее аккаунт в Фейсбуке. А через пару лет вы сможете смотреть на своего любимого человека через очки и корректировать его внешность, превращая его в победителя всемирного конкурса красоты или в плюшевого мишку. Но если через 20 лет дополненная реальность станет совершенной, то захотим ли мы улучшать хоть что-то в реальном мире? Будут ли в 2050 году роботы-дворники? Или мы предпочтет не замечать мусор и вообще эмигрировать из дополненной реальности в сказочно-прекрасный и полностью виртуальный мир?

В конце программы мы покажем, каким будет мир, где виртуальное неотличим от реального. А пока давайте узнаем, как уже сейчас можно дополнить нашу жизнь. И мои первые гости- один из топ менеджеров компании Майкрософт в России Алекс Тютин, а также автогонщик мирового класса Даниил Мове.

- Даниил, а вам уже приходилось сталкиваться в жизни с дополненной реальностью?

- Мы его очень активно используем в автоспорте симуляторы для повышения своего водительского мастерства. То есть по факту больше половины моих тренировок проходит за компьютером. Тренировок для езды на машине.

-А насколько они реальны? У них очень четко передается нагрузка на руль все, каждая кочечка, то есть отдача в руль и так далее.

-Недавно появился очень интересный тренажер, который позволяет вам сделать виртуальную гонку. Вы можете сделать Джиро д'Италия, проехать весь этап на своем реальном велосипеде. Вам придется попотеть, вам придется крутить педали, и вы реально чувствуете ее спуски и подъемы. Вам приходится работать.

- Дополненная реальность — это скорее вы едете на своем велосипеде по Южному Бутово. А вам кажется, что вокруг Лазурный берег, Франция.

- Наверное, в будущем так и будет.

- Не думали ли специалисты из автогонок выводить на стекло вашего шлема какую-то информацию?

- Лет, наверное, семь назад вообще ходили такие слухи, что у Михаэля Шумахера на шлем выводится траектория идеальная. Правила этого не запрещают, следовательно, допускают, но пока не запрещают возможность, что кто-то уже использует.

- А технологии дополненной реальности- они дорогие или не очень?

- Когда-то были очень дорогие. Сегодня все, все эти особенности можно получить, используя обычный планшет или обычный смартфон.

ЗАДАНИЕ 2. Посмотрите видео. Найдите в тексте слова и выражения, соответствующие английским эквивалентам в таблице.

1. simultaneously	

2. look	
3. foreign elements	
4. virtual object	
5. repeatedly	
6. mark	
7. embed	
8. volcanic eruption	
9. resistance	
10. surface	
11. interlocutor	

- Дополненная реальность может пригодиться в самых удивительных областях. С ее помощью можно выиграть воздушный бой, самому починить автомобиль и **одновременно** быть в курсе того, что происходит в твоей реальной и виртуальной жизни.

Такую дополненную реальность вы **неоднократно** видели во время футбольных трансляций- расстояние до ворот офсайда и расстановка игроков на поле. Но начиналось все не на игровом поле, а на поле битвы. Пилоты сверхзвуковых истребителей уже давно целятся во врага через перекрестье прицела на стекле своего шлема. Положение самолета в воздухе, траектория полета — все это пилот видит без помощи приборной доски. В обычной жизни дополненной реальности пока немного. Одинокие Q-коды смотрят на нас с фасадов домов как **инородные элементы** невидимого мира. На самом деле применить эти технологии есть где. Вот так могли бы обучать в автошколах устройство автомобиля.

При повороте бумаги, на которой нанесена определенная **метка**, машина разбирается на маленькие детальки. Учить можно не только механике, но и астрономии или геологии. Детям куда интереснее было бы учиться, если можно было изучить 3D модели **извержения вулкана** или своими руками покрутить Меркурий с Юпитером. Кроме того, дополненную реальность можно использовать как гиды или просто для эффективной визитки. А как сделать все это действительно частью нашей жизни? Плазменные панели пока слишком тяжеловесные. Планшетники, смартфоны нужно постоянно держать перед глазами. Куда удобнее были бы вот такие очки.

С их помощью можно было бы не только получать информацию, но и посылать смс, письма, отвечать на звонки и прокладывать маршруты. Достаточно задержать **взор** на необходимом элементе, и он активируется. Надеть их один раз и не снимать до вечера. А лучше бы вообще не снимать и смотреть через очки дополненные сны.

- На самом деле, чтобы не было впечатление, что это какие-то сложные технологии, давайте посмотрим, что можно сделать уже прямо здесь с помощью простых устройств. Вот мы решили, поскольку пригласили вас в студию, заодно привезти в студию и болид Формулы. Вот видите, он здесь находится.

- Я не вижу.

- Давайте я вам передам планшет, посмотрите на этот лист.

- А вот теперь вижу.

- То есть с помощью небольшого маркера можно вот прямо в этом месте в реальность **встроить** какой-то виртуальный объект. А если использовать немножко другую технологию, то можно сделать нечто еще более фантастическое и добавить еще одного участника нашей передачи. Вы можете смотреть на большой экран, куда сейчас выведут волшебный экран, и сейчас мы увидим… Олег, вот насколько эта технология сложная?

- Здесь вы показываете **виртуальный объект**, который находится в реальном мире. Следующий шаг, над которым сейчас активно работают, в частности, у нас в компании, в нашем исследовательском подразделении, это как сделать так, чтобы вот этот объект реагировал на вас?

- Вы привезли с собой Kinect с приложениями дополненной реальности. А давайте посмотрим, что с его помощью можно сделать. То есть я оказываюсь одет в какой-то футуристический доспех. Олег, а как это работает?

- Маркер — это сообщение, которое мы посылаем в виртуальный мир, пытаясь получить от него какую-то информацию. Здесь этим сообщением является орган зрения этого виртуального мира Kinect, у которого есть, условно, два глаза и уши. Он может увидеть вас. Существует очень интересная концепция, каким образом, создав какой-то аватар свой и поместив его в виртуальный мир, вы, сидя за столом, можете общаться со своими **собеседник**ами, которые находятся на другом, на другом конце планеты. И эти аватары будут сидеть за одним столом, а вы будете находиться за разными.

- Даниил, а как вам перспектива общаться со своими друзьями через такую технологию?

- С одной стороны, есть какое-то **сопротивление**, хочется как-то к реальности, к реальности. А с другой стороны, как не сопротивляешься, все равно со временем понимаешь, что становишься одним из участников. У меня всегда было большое сопротивление к социальным сетям. Все равно в итоге начинаешь там общаться, какие-то там Твиттеры, Фейсбуки и так далее. Поэтому я думаю, что в любом случае со временем отказаться от этого удобства будет непросто. И в итоге плюсы налицо.

- Олег, а вы как считаете, как вы относитесь лично к тому, что видите в дополненной реальности? Это реальный мир или нет?

- Вы знаете, все зависит от качества этого изображения. И я думаю, что со временем нам будет сложно отличить, а где реально и где нереально. Есть такая интересная разработка - тактильный дисплей. Это дисплей, который применим для планшета и на котором, например, нарисовав шарики и проведя пальцем по экрану, вы почувствуете шарики.

Нарисовав там деревянную **поверхность**, вы можете, проведя по этому экрану, почувствовать пальцем деревянную поверхность с ее шероховатости и так далее.

ЗАДАНИЕ 3. Посмотрите видео. Заполните пропуски.

интерактивные	возгорания	оборудованы	дополненной
прозрачных	яркость	интеллектом	реконструкция
умный	прототип	проекции	самостоятельно
трехмерного	симуляция		

Совсем скоро мы покажем вам будущее, когда мы заменим все окна на .... экраны и сможем выключать негодяев из своей .... реальности. Умный дом уже сегодня может экономить электричество и включать свет по взмаху руки, а завтра сможет заботиться о нашем здоровье и угадывать наши желания.

- Мы можем управлять уже каждой группой света в отдельности. Мы можем менять ...., можно вывести на светодиодный потолок различные изображения, к примеру облака.

Контролировать подачу воды, управлять охраной. Кажется, что такой .... дом может все. Сегодня подобные системы не редкость, у нас в стране ими .... и элитные коттеджи и дорогие квартиры. Сейчас умным домом можно управлять с телефона или планшетника. Концепция будущего - заставить жилище .... принимать решения о чем-либо.

- Наделение всех устройств, приборов и элементов может быть, даже декора дома в определенной степени своим собственным .... для того, чтобы они угадывали, чего от них может хотеть человек.

Это еще не искусственный интеллект, а своего рода .... Можно один раз записать в телефон ежедневную домашнюю рутину, и бытовая техника сможет угадывать, что нужно сделать. Но это только начало.

- Холодильник, утюг и плита могут между собой общаться для того, чтобы понять, что они не могут потребить сразу слишком много электричества, чтобы не перенапрячь сети, не подвергнуть риску .... проводку.

И эту реальность, в которой человек полностью избавлен от домашней рутины, смело можно будет назвать не просто дополненной, но и более простой и комфортной.

- Как будут выглядеть наши дома через 10 лет? Как изменится городское пространство, напичканный новейшими технологиями? К нам присоединяется известный архитектор и урбанист Александр Ремизов. Александр, скажите, станет наш дом продолжением нашего персонального компьютера?

- Я думаю, что наш дом станет продолжением просто нас как персоны, а не компьютера.

- Как технологии дополненной реальности можно использовать на благо, чтобы перекрасить здания, перестроить их, сделать их более приятными, более красивыми?

- Действительно, можно показать здание, которое будет построено через год, через два. Или если это ………………., то вместо пыльного фасада у вас будет действительно живое здание.

- В случае с архитектурой, находясь в пустом помещении, которое еще предстоит наполнить мебелью, покрасить стены и так далее, вы находитесь внутри помещения, и вы можете на это помещение на реальный объем наложить те элементы, которых там сегодня нет.

- Если говорить об архитектуре, сейчас же появляются ………………… лазерные, когда мы здание какое-то меняем полностью или частично.

- Есть масса проектов на эту тему, направленных по освещению города. Стены меняет цвет в зависимости от настроения. Такие проекты тоже есть и даже, по-моему, некоторые осуществились. Есть проекты, например, ………………. домов, когда появляется поверхность, полностью отражающая окружающий мир, и, допустим, какая-то гостиницы на лоне природы, и ты ее не видишь, пока не попадешь внутрь. То есть вокруг природа сохраняется.

- Вопрос тогда к вам. Поделитесь опытом, как в автоспорте ………………… отличается от реальных гонок и насколько они уже сблизились?

- Ну, вот то, чего нам как раз не хватает, это каких-то таких очков трехмерного изображения, чтобы совсем погрузиться внутрь трассы. Потому что, когда мы тренируемся, готовимся к следующей гонке, мы ездим по, хочется сказать, реальной, вот по этой виртуально-реальной трассе. Не хватает именно вот этого ………………. изображения.

ЗАДАНИЕ 4. Посмотрите видео. Отметьте верные утверждения.

☐ *Ученые планируют разработать фары, позволяющие водителю видеть сквозь снег и дождь.*
☐ *С помощью новых технологий хирурги смогут попрактиковаться до операции.*

- ☐ *Беспилотные летательные аппараты изначально были секретной военной технологией.*
- ☐ *Очки дополненной реальности могут погрузить вас в тот мир, который вы не видите обычным человеческим глазом.*
- ☐ *Линзы с дополненной реальностью уже можно купить на рынке.*

- Давайте посмотрим, когда дополнена реальность может быть жизненно необходимой. И, соответственно, отказываться от нее никак нельзя.

Ученые из Карнеги Меллон разработали фары, меняющие погоду, позволяющие водителю видеть сквозь снег и дождь. Обычно в ненастную погоду водитель видит перед собой вот такую картину.

- Есть два источника света. Первый сообщает основному, то есть фары автомобиля, как нужно пропускать лучи света, чтобы они попадали только между капель. И фара просто не светит на капли дождя или снежинки. Дождь идет, но вы не видите этого.

Вот так пересечение двух реальностей порождает третью. Действительно, зачем дополнять мир чем то, если из него можно просто убрать лишние помехи.

- Согласитесь, что это очень полезная функция,

- Очень и очень интересная. Я говорю, я поражаюсь просто, до чего народ доходит сегодня.

- Если продлить эту тему спасения человеческих жизней, защиты нас с помощью дополненной реальности. Какие еще области есть, где дополненная реальность может быть необходима?

- Если мы продолжим линию тактильных ощущений и представим себе не плоский дисплей, который помогает нам чувствовать, а представим себе перчатку, которая помогает чувствовать объем именно тактильно, то можно представить себе и хирурга, который делает операцию и чувствует нажатие скальпеля, чувствует ток крови и так далее до того момента, как он реально приступит к операции с пациентом. Он может попрактиковаться на этом, может получить дополнительные навыки.

- Беспилотные летательные аппараты в свое время были секретной военной технологии, а сегодня доступны для обычного человека и меняют наши представления о реальности, отлично дополняя наш мир. Каждый из нас хотя бы раз спрашивал себя как называется эта улица, кто построил это красивое здание и что находится за этими воротами. Ответы легко найдутся в дополненной реальности.

- Госпитальная улица, дом один три, строение один. Построено в 60-х годах 19 века, отреставрировано 15 лет назад.

- Лефортовский парк основан в 1703 году. Площадь 46.8 гектар.

- А если я хочу посмотреть на мир шире, выше, глубже, например, глазами вот этого летающего робота?

- Что это такое?

— Это вертолет нового поколения, квадрокоптер-аэродром. Здесь специальная программа, которая стабилизирует все винты. А можете просто ничего не делать.

- То есть любой человек, получается, может им управлять, не будучи профессиональным пилотом?

- Конечно. А можно мне как-то подключиться к этому роботу, чтобы я мог посмотреть на мир с высоты, глазами птицы?

- Ну, давай попробуем.

- Ребята играют.

- Счёт по партиям 2:1.

- Девушки не видно в эту камеру, симпатичные они или нет. Но, кстати, Гугл подсказывает, что они идут к ребятам, которые играют в волейбол.

Мне очень понравилось, управление не сложное и такие возможности...

Вот так уже очень скоро, дополнив реальность, мы сможем сделать ее информативной, доступной и интересной.

К нам присоединяется специалист по дополненной реальности Руслан Сумин. А Руслан, я вижу, вы пришли к нам в очках дополненной реальности. Расскажите, что они могут делать, что это вообще такое?

- Они могут погрузить вас в тот мир, который вы не видите обычным человеческим глазом. Могут дополнить его соответственно дополненной реальностью, да, которая существует в компьютерном мире, которую вы можете видеть с помощью этих очков.

- А можно попробовать эти очки?

- Да, конечно. С удовольствием вам их передам.

- Спасибо. Давайте попробуем показать нашим зрителям, что можно увидеть в этих самых очках. Картинку, видно, на самом деле только под определенным углом, конкретно, чтобы она попадала в глаз. И попробуем вместе представить, как технологии дополненной реальности смогут выглядеть через несколько десятков лет. И что я тогда увижу на вас всех?

- Надев их, оставайтесь с нами, все-таки здесь, в реальном мире.

- По крайней мере, частично. То есть я могу, глядя на своих собеседников, видеть про каждого из них. Во-первых, как человека зовут, чтобы никогда не оказаться в него в ситуации, что я забыл это, о чем он только что говорил, запись его разговора как в текстовом чате. Чем он занимается, естественно, что ему интересно, его возраст, все остальные параметры, откуда он вообще пришел, с кем он находится в дружеских отношениях. Всю эту информацию я могу использовать во время разговора. Но возникает вопрос, а не сойдет ли обычный человек с ума от такого изобилия информации? Куда ни посмотришь, тут же статья из энциклопедии.

- Наверное, все-таки, вот глядя на вас через эти очки и видя страничку ВКонтакте, наверное, я бы предпочел ее закрыть... от взглядов.

- Даниил, попробуйте, что такое.

- Гонки будущего? Ну как, Даниил?

- Интересно, ну в гонках можно применить действительно, что будет показываться, допустим, как-то анализироваться на трассе идеальная траектория какая-то и показываться тебе на точке торможения.

- Олег, а через сколько все-таки мы сможем в контактные линзы уместить технологии за счет миниатюризации?

- Спортивные тайны.

- Если бы кто-то сказал, что для этого нужно. Работы по линзам ведутся. Всем известно, что есть компании, которые сегодня активно этим занимаются. Понадобится им два года, пять лет или 10 лет для того, чтобы сделать реальную линзу, не знаю.

- Говорят хорошо там, где нас нет, но скоро это выражение потеряет свою актуальность. Интернет-компании активно создают в сети модели конкретных улиц, парков и площадей. Гулять по Буэнос-Айреса, да и по Москве, уже можно, не уезжая из Петропавловска-Камчатского.

ЗАДАНИЕ 4. Послушайте статью. Приведите примеры использования виртуальной реальности во благо человечества.

ВИРТУАЛЬНАЯ РЕАЛЬНОСТЬ СТАНОВИТСЯ ОСЯЗАЕМОЙ.

Как новая технология швейцарских ученых имитирует прикосновения в VR

Швейцарские ученые изобрели искусственную кожу. Устройство из силикона и нескольких датчиков позволит передавать ощущения из виртуальной реальности. Новый девайс — это небольшая и гибкая накладка на палец. Она вибрирует и тем самым имитирует прикосновения. По словам учёных из Федеральной политехнической школы Лозанны, искусственную кожу можно растянуть, и она примет форму запястья.

Технологию можно использовать не только в VR-индустрии, но и, например, в медицине и образовании, считает президент ассоциации виртуальной и дополненной реальности Екатерина Филатова: «С одной стороны, это формат игровой индустрии, который передаёт ощущения. Этот формат может уйти в киберспорт. В части бизнеса, например, есть костюмы с обратной связью. Вы надеваете их как водолазный костюм, и они дают вам небольшие разряды тока. Сейчас идут исследования по применению технологии в образовательных целях, например, для обеспечения промышленной безопасности на производстве.

Помимо того, что виртуальная реальность даёт картинку, такой формат искусственной кожи или костюма даёт почувствовать действительность на физическом уровне.

Если это пожар, то чувствуете нагревание, если ток или взрыв, или удар, то у человека физическое ощущение того, что он находится прямо в этой ситуации. С другой стороны, обширные исследования идут в направлении медицины реабилитации».

Общий объём мирового рынка виртуальной реальности сейчас не превышает $2,5 млрд, отмечают эксперты. Большие средства вкладываются в разработку устройств, которые бы передавали тактильные ощущения, но, по словам основателя компании Fibrum Ильи Флакса, ни одна из компаний пока не представила готовый продукт: «Кейсов было много, но, к сожалению, таких прикладных, удобных, понятных, вызывающих эмоции я ещё не встречал. Всё, что я тестил, было, скорее, таким ранним прототипом, который лишь частично передавал ощущения. Кейс с виртуальной кожей — идея достаточно интересная, это не перчатка, которая является всё же таким носимым девайсом, а какой-то более тактильный элемент, текстура. Компания думает, как реализовать то, что три-четыре года назад ещё было невозможным».

После успешных испытаний искусственной кожи швейцарские учёные собираются создать костюм для приложений в виртуальной реальности.

Виктория Феофанова

https://www.kommersant.ru/doc/4111817

ЗАДАНИЕ 5. Напишите эссе на тему «Дополненная реальность – риск или благо?»

ЗАДАНИЕ 1. Посмотрите видео. Выберите верный ответ.

А) Исаак Ньютон рассчитал, чтобы преодолеть планетарное притяжение и вывести снаряд на устойчивую орбиту....

| нужна огромная скорость | нужны антенны |

Б) В начале двадцатого века Константин Циолковский предлагает использовать для этой цели ...

| циклоны и антициклоны | ракету, приводимую в движение реактивным двигателем на высококалорийном топливе |

В) В Германии во время Второй Мировой создали первую баллистическую ракету ФАУ. Это были...

неуправляемые и крайне ненадёжные аппараты	очень надёжные аппараты

Г) Когда появился второй спутник Земли?

4 октября 1957 года	7 октября 1975 года

С момента возникновения Земли, у неё всегда был один единственный спутник – Луна. Однако, ровно шестьдесят лет назад появился второй. Четвёртого октября тысяча девятьсот пятьдесят седьмого года на орбиту отправился сверкающий шарик весом восемьдесят три килограмма. Так началась космическая эра в истории человечества.

Исаак Ньютон рассчитал, чтобы преодолеть планетарное притяжение и вывести снаряд на устойчивую орбиту нужна огромная скорость. В случае Земли это примерно восемь километров в секунду. Изобретатели долго не могли придумать как этого добиться.

1. возникновение - emergence
2. сверкающий - sparkling
3. вес - weight
4. космическая эра - space age
5. Иссаак Ньютон - Isaac Newton
6. преодолеть планетарное притяжение - overcome planetary gravity
7. устойчивая орбита - stable orbit
8. скорость - speed
9. изобретатель - inventor
10. реактивный двигатель - jet engine
11. топливо - fuel
12. баллистическая ракета - ballistic missile
13. ненадёжный аппарат - unreliable device
14. межконтинентальный - intercontinental
15. бинокль - binoculars
16. космическая гонка - space race
17. точный план местности - accurate site plan
18. местоположение - location

В начале двадцатого века Константин Циолковский предлагает использовать для этой цели ракету, приводимую в движение реактивным двигателем на высококалорийном топливе. А в двадцатых годах немецкий учёный Герман Оберт пишет книгу, в которой описывает принципы создания такой ракеты. На основе его разработок, в Германии во время Второй Мировой создали первую баллистическую ракету ФАУ. Это были неуправляемые и крайне ненадёжные аппараты. Зато после войны, немецкие разработки попали в руки советских учёных. Под руководством Сергея Королева ФАУ-2 превратилась в Р-1, а через десять лет СССР построил первую межконтинентальную баллистическую ракету. В тысяча девятьсот пятьдесят пятом году американцы заявили, что собираются запустить первый космический спутник. Королёв предложил Хрущёву опередить США, ведь ракета Р-7 годилась не только для доставки ядерного заряда, но и для запуска полезного груза на орбиту Земли.

Поздно вечером, четвертого октября тысяча девятьсот пятьдесят седьмого года, на полигоне у станции Тюратам, который потом назовут Байконуром, произошёл старт. И уже через пять минут, простейший спутник «один» подал радиосигнал с орбиты. Шарик с четырьмя антеннами начал своё первое кругосветное путешествие. Оно заняло у него девяносто шесть минут. А за три месяца он успел его совершить тысячу четыреста сорок раз. Спутник можно было наблюдать с земли в бинокли и подзорные трубы. Его сигналы могли слышать радиолюбители в любом уголке мира. Через месяц СССР отправил второй спутник, уже с собакой на борту. А скоро, искусственный аппарат запустили и США. Началась космическая гонка. Мы первыми отправили человека в космос. Американцы высадились на луну. За несколько десятилетий на орбиту было выведено более шести тысяч шестисот искусственных объектов.

Сегодня над нашими головами летают сотни космических аппаратов. Эти устройства радикально изменили нашу жизнь. Они фактически отменили бумажные карты. Точный план местности и своё местоположение мы в любой момент можем найти в телефоне. Спутники наблюдают за циклонами и антициклонами, помогая синоптикам делать прогноз погоды. Они следят за распространением пожаров и ураганами, спасая тысячи жизней. Благодаря спутникам можно опубликовать фото с вершины Эвереста или из самого сердца Сахары. И это только начало. Уже существуют сверхлёгкие нано и венто спутники. Тысячи таких устройств помогут найти вам потерявшуюся собаку или украденную машину, следить за вывозом мусора и строительством дачи. Сделают быстрый интернет доступным в любой точке планеты. И всё это возможно благодаря тому, что шестьдесят лет назад первый спутник отправился в космос.

ЗАДАНИЕ 2. Посмотрите видео. Отметьте верные утверждения.

- ☐ Галактика, в которой мы живем, миллиарды звезд, но на ясном ночном небе мы видим лишь несколько тысяч из них.
- ☐ Первый спутник системы ГЛОНАСС был запущен на орбиту в 1982 году.
- ☐ Система ГЛОНАСС обеспечивает навигацию с высокой точностью в любой точке земного шара.
- ☐ Развитие высоких технологий, таких как система ГЛОНАСС, играет ключевую роль в модернизации экономики страны и ее развитии.
- ☐ Новые рукотворные звезды на небосклоне- созвездие ГЛОНАСС.

Галактика, в которой мы живем, 300 миллиардов звезд. В ясную ночь мы видим лишь несколько тысяч. Многие века по Млечному звездному пути путешественники и мореходы сверяли свой путь. Недавно на небосклоне появились новые рукотворные звезды. Теперь они наши проводники и навигаторы. Это созвездие ГЛОНАСС.

1. галактика - galaxy
2. мореход - sailor
3. рукотворный - man-made
4. проводник - conductor
5. космодром Байконур - Baikonur Cosmodrome
6. отныне - from now on
7. в поле зрения - in sight
8. высокоточный - high-precision
9. модернизация - modernization
10. в прямом и переносном смысле - literally and figuratively
11. высокие технологии - high tech
12. дополнять - to complement

Космодром Байконур. Старт ракеты-носителя «Протон». На борту три спутника Глобальной навигационной спутниковой системы. Отныне в поле зрения системы ГЛОНАСС вся Россия и почти весь мир.

- Система ГЛОНАСС не просто становится глобальной, а гарантированно обеспечит любого потребителя в любой точке не только на поверхности Мирового океана или на суше, но и на 2000 километров над поверхностью Земли навигационным высокоточным определением.

Идея создания спутниковой навигации родилась еще в 50-е годы. Советский Союз и США разворачивали системы одновременно. Первый американский тестовый спутник был выведен на орбиту в 74-ом. Полноценно система заработала в 93 году. Первоначально NAVSTAR или GPS, так именуют американскую систему спутниковой навигации, разрабатывалась как военный проект. Но с начала 90-х GPS стала использоваться и для гражданских целей.

В нашей же стране первый спутник системы ГЛОНАСС был выведен на орбиту 12 октября 1982 года, а эксплуатация системы началась лишь через два года после американской, в 95-ом. Со следующего года Россия предоставила всему миру гражданский сигнал ГЛОНАСС. Однако в кризисные 90-е у России попросту не нашлось средств на поддержание орбитальной группировки. Спутники перестали обновляться. Новую жизнь программа получила уже в 2000-е. На орбите вновь стали появляться российские навигационные спутники.

- Мы выбрали в качестве приоритета модернизацию экономики страны, развитие высоких технологий. Так вот, система ГЛОНАСС - это в прямом и в переносном смысле этого слова, и в прямом, и в переносном,- это высокие технологии, без которых модернизация страны невозможна.

Несколько лет назад Россия и США договорились о взаимодополняемости ГЛОНАСС и GPS. С точки зрения пользователя, эти две системы аналогичны, разнятся лишь по некоторым техническим параметрам. Взаимное дополнение и обеспечивает высокое качество навигации.

- Две системы друг друга дополняют. То есть в случаях, когда есть перерывы в сигналах ГЛОНАСС, работает GPS. В случае, когда есть неустойчивый прием GPS сигналов, ГЛОНАСС помогает увеличением группировки созвездия, так называемого для определения местоположения.

ЗАДАНИЕ 3. Посмотрите видео. Заполните пропуски.

точный	спутников	оптическая	леска
интеллектуальной	космических	недружественная	карте
нанотехнологий	вакуум	космодром	случаи

Система ГЛОНАСС состоит из нескольких частей. Основные - это орбитальная группировка ...., наземный комплекс управления и сегмент потребителей. Сегодня созвездие спутников- это 26 .... аппаратов. С околоземных орбит они передают сигналы, по которым навигационные устройства вычисляют свои координаты на местности. Они отображаются в виде метки на .... Чтобы .... сигнал доходил из космоса на Землю, по всей стране круглые сутки трудятся специалисты наземных комплексов управления, центров мониторинга навигационных полей. Мало кто догадывается, но точное время, с которым сверяются часы, тоже приходит из космоса.

— Вот под этой крышкой расположена .... система, с помощью которой определяется точное положение спутника с помощью лазера с Земли.

Все начинается в этих цехах под Красноярском. Как и любая космическая техника, спутники ГЛОНАСС - результат .... работы российских специалистов. Из такой алюминиевой фольги толщиной в 20 микрон делаются легкие и очень прочные панели для спутника. Наматывается композиционная ....- будущая антенна спутника. Самые современные материалы, передовая электронная начинка- эта техника должна быть на шаг впереди, ибо ей предстоит работать не одно десятилетие.

1. **нанотехногии** - nanotechnology
2. **вакуум** - vacuum
3. **на все случаи жизни** - for all occasions
4. **леска** - fishing line
5. **передовой** - advanced

- А космос — это очень .... среда. Радиация, ультрафиолет, отрицательная температура, положительная температура, ... - все это негативно воздействует на материалы. Так вот, если мы говорим о спутнике, который должен жить 15 лет, он должен иметь соответствующее покрытие, материалы, узлы, надежность. Поэтому слово «нанотехнологии» для нас не является новым, мы их используем- элементы .... на протяжении уже, положим, 20 лет.

- Испытание разрешаю.

Здесь спутник подвергают испытаниям — всё, что может произойти с ним на Земле и орбите. Перед отправкой на .... спутника испытывают на вибростенде. Тряску вагона поезда будут имитировать трое суток - ровно столько, чтобы доехать из Красноярска до Байконура.

- На случай войны, если не будет возможности доставить авиацией, повезут на машине. Не на машине, так на поезде. Поэтому отрабатывается на все .... жизни.

ЗАДАНИЕ 4. Прочитайте определения. Посмотрите видео. Найдите в тексте слова и выражения, соответствующие определениям в таблице.

1. схватка, сражение, противоборство	
2. источники возгорания	
3. шофер, управляющий автомобилем	
4. моментально, быстро	
5. работник, регулирующий из одного центрального пункта движение транспорта или ход работы предприятия	
6. поглощен	
7. небесное тело, движущееся вокруг планеты, звезды	
8. определенно, точно	
9. о чём-то/ком-то точном	

Лето 2010-го. Россия **охвачен**а лесными пожарами. Реальный пример глобального потепления, **борьба** с огнем на земле и с воздуха. Пожарные получают информацию о том, куда движется **пламя**, где появляются новые **очаги возгорания**. Такие же данные и у пилотов пожарных Бе-200, которые ведут свои самолеты в дыму, на малых высотах, в условиях плохой видимости. Сведения передают **спутник**и с околоземной орбиты. **Диспетчер**ы знают, где каждая пожарная машина или самолет, кто ближе к очагу огня.

- Диспетчер может выбрать одно из транспортных средств, интересующих его на данном маршруте, и запросить все данные по его работе.

Информация о передвижении всех муниципальных транспортных средств пожарных машин в реальном времени приходит в ситуационно-навигационный центр.

- Мы **конкретно** знаем, что три машины установлены здесь в нужных местах. Они приехали, они достигли этого места. Более того, что мы видим, одна машина находится давно. Две другие также остановились и стоят. Информацию можно получать не только о местонахождении машины, но и о том, в какую сторону она двигается, стоит ли она на месте.

- **Водитель**, слышите меня? Диспетчер Симакова. Скажите, пожалуйста, у вас опоздание четыре минуты. По какой причине?

Сегодня в Рязани по расписанию движения городского транспорта **можно сверять часы**. Приемники ГЛОНАСС на многих автобусах и троллейбусах. Даже минута опоздания фиксируется бесстрастным космическим контролером.

> **СВЕРЯТЬ ЧАСЫ МОЖНО ПО + Dat.**
> Ты очень пунктуальный человек, «по тебе часы сверять можно», ты всегда приходишь вовремя.

- Каждый житель города, стоя на остановке, видит с помощью информационных табло, когда в какое время прибудет маршрут, нужный для этого пассажира.

В помощниках у водителя специальное оборудование ГЛОНАСС. При нештатной ситуации помощь от диспетчера придет **мгновенно**. За безопасностью пассажиров следит космическая система.

- Например, я остановился где-нибудь, на линии что-нибудь случилось, я моментально связываюсь, и мне помощь оказывается. Также у меня здесь есть оборудование пожаротушения: выше 60 задымленность, повышение температуры выше 64 градусов, получаю я сигнал сюда, и также получает сигнал диспетчер.

Казалось бы, зачем стране создавать свою навигационную систему? Столько государств пользуются американской и пока неплохо себя чувствуют. Но представим ситуацию все наши танки, самолеты, ракеты ориентируются по сигналу американской системы навигации. А если в один прекрасный момент заокеанские партнеры возьмут, да и нажмут кнопку стоп, и сигнал исчезнет, вся российская военная техника вмиг ослепнет. Именно так в 99 году во время бомбардировок Югославии американцы отключили сигнал GPS для чужих пользователей на довольно большой части Европы. Во многих столицах Старого Света тогда задумались о создании своей спутниковой навигационной системы. Европейская разработка получила название Галилео. Система должна заработать через пять-шесть лет.

- У американцев - эта доктрина их, в определенный момент, так сказать, с точки зрения своей безопасности просто отключали сигнал бортовой. Эти приборы были бесполезны.

ЗАДАНИЕ 5. Посмотрите видео. Соедините слова из текста.

1. новейшие	a. учёные
2. российские	b. годы
3. лазерное	c. система
4. в ближайшие	d. сканирование
5. открывает	e. технологии

6. определить	f. фантастические возможности
7. навигационная	g. местоположение

Олимпиада 2014 в Сочи станет полигоном для отработки новейших технологий ГЛОНАСС. Железнодорожные пути, тоннели, горнолыжные трассы, стадионы будут в едином навигационным поле. Вплоть до сантиметров можно будет контролировать движение нестабильных горных пород, деформацию олимпийских объектов. ГЛОНАСС должен стать той системой, которая объединит последние разработки российских ученых.

- В сочетании с методами лазерного сканирования, наземного и воздушного построения 3D модели. То есть ГЛОНАСС стал таким базисом для построения увязки самых разнообразных видов сбора пространственной информации. Вот на ближайшие годы стоит такая задача. Я думаю, все-таки она будет решена.

Сейчас готовится к запуску на орбиту спутник нового поколения ГЛОНАСС «К». Его срок службы будет гораздо больше нынешнего. С переходом на новые спутники точность российской навигационной системы станет сопоставимой с точностью американской. А в скором времени в полную мощность заработает европейская навигационная система «Галилео» и китайская «Компас». Совместное использование сигналов от спутников всех группировок открывает фантастические возможности. Определить местоположение обычным навигатором можно будет до сантиметров. Самолеты смогут взлетать и садиться без пилотов, поезда, двигаться без машинистов. То, что описывали фантасты, станет реальностью благодаря навигационным спутникам.

ЗАДАНИЕ 6. Посмотрите видео. Соотнесите сегменты и их функции в тексте.

В этом видео мы рассмотрим основные спутниковые группировки и принцип работы системы спутникового мониторинга. В целом схема довольно простая: терминал получает сигнал со спутников, который позволяет определить местоположение и перемещение объекта. Собранная информация передается по различным каналам связи на серверы мониторинга, и в результате видим трек.

Каким образом вычисляются координаты? Основой является система навигации. Она состоит из трех сегментов.

Первый сегмент - космический.	Второй сегмент- наземный.	Третий сегмент — это терминалы.
№...... Он включает в себя станции, необходимые для управления и контроля	№......Они выступают в качестве приемника спутникового сигнала,	№......Это группировка спутников, которые летают

спутников. Система отслеживает текущее положение спутников, обновляет их орбитальные положения, а также выполняет калибровку, синхронизацию их атомных часов.	который позволяет определять время и координаты местонахождения различных транспортных средств. Космический сегмент спроектирован таким образом, что в любой момент видимо минимум четыре спутника в любой точке земной поверхности.	по орбите Земли и посылают сигнал на поверхность.

Почему именно четыре? Дело в том, что определение координат основано на измерении расстояния от приемника, то есть терминала, до спутников, положение которых известно с большой точностью. По расстоянию только от одного из спутников узнать местонахождение приемника не получится. Он может находиться в любой точке сферы вокруг спутника. Данные от второго спутника сужают область нахождения приемника до окружности. Информация третьего спутника дает нам наличие двух точек, одна из которых находится на поверхности, а вторая либо в небе, либо под землей. И только данные четвертого спутника позволяют однозначно определить координаты. Таблица-положение всех спутников называется Альманах — это общие данные, поэтому они не отличаются большой точностью. И действительно, от 30 дней до нескольких месяцев каждый спутник передает в своем сигнале весь альманах. Помимо этого, спутники передаются эфемериды. Это очень точные корректировки параметров орбит и часов для каждого спутника, которые нужны для точного определения координат. Каждый спутник передает только свои собственные эфемериды, они действительно только в течение 30 минут. Для скорости определения координат очень важно состояние, в котором находился терминал перед началом работы. Если терминал включается впервые или после того, как его не использовали месяц или переместили на значительное расстояние, это так называемый «холодный старт». Первый же спутник, с которым была установлена связь, передает приемнику альманах, в котором содержится информация про основные параметры орбит каждого спутника космической группировки навигационной системы. Одного спутника для определения координат мало. Поэтому терминал последовательно получает эфемериды каждого из четырех спутников и на основе уточненных данных вычисляет координаты. Теплый старт — это включение после более чем получасового перерыва. Терминал уже имеет в памяти действующий альманах, поэтому на определение координат требуется гораздо меньше времени. И, наконец, включение после непродолжительного перерыва- горячий старт. Вся информация о размещении спутников уже есть память терминала, поэтому определения координат происходят практически мгновенно. Существует четыре основные спутниковые системы для определения координат: американская GPS, российская ГЛОНАСС, европейская «Галилео» и китайская «Бейдоу». Эти системы обладают набором спутников, которые вращаются по орбите Земли в разных плоскостях на высоте в пару десятков тысяч километров, транслируют сигнал на Землю по нескольким полосам частот. В настоящее время только две спутниковые системы обеспечивают полное и бесперебойное покрытие земного шара: GPS и ГЛОНАСС. Метод измерения расстояния от спутника до антенны приемника основан на том, что скорость распространения радиоволн предполагается известной и постоянной. На самом деле на скорость влияет множество слабо предсказуемых факторов, список которых приведен в таблице. Из-за них увеличивается погрешность определения координат. Рассмотрим эти факторы более подробно.

Во-первых, на своем пути к поверхности спутниковый сигнал проходит через ионосферу и тропосферу, столкновение с ионами или водяным паром замедляет скорость прохождения сигнала, что может привести к ошибке в вычислении дальности. Этот эффект можно сравнить с преломление луча света, проходящего через стекло.

Во-вторых, ложное измерение может получиться из-за отражения сигнала, когда он не достигает антенны по прямой, а сначала попадает на близлежащие объекты, например, озеро или здание.

В-третьих, причиной погрешности определения координат может стать ошибка атомных часов на спутниках, как бы ни была высока их точность.

И, наконец, собственные шумы приемника могут забивать слабый сигнал со спутников. Для того чтобы снизить погрешность, производители качественных терминалов применяют более современные электронные компоненты и специальные программные фильтры.

https://www.youtube.com/watch?v=vbdUDaXl7wU

ЗАДАНИЕ 7. Подготовьте презентацию на тему «Спутники в будущем».

ЗАДАНИЕ 1. Прослушайте статью. Составьте предложения, которые соответствуют информации, предоставленной в статье.

Русский занял	численность говорящих и пользователей интернета, количество интернет-ресурсов на языке, объём научной информации на языке,	— им владеют 258 млн человек.
Русский и другие языки были оценены по следующим параметрам:	в глобальной сети русский занимает лишь девятое место	сократилась до 19% — вдвое по сравнению с 1990/1991 учебным годом.
По численности говорящих русский	пятое место среди 12 ведущих мировых языков	статус языка в международных организациях и количество зарегистрированных СМИ.

По количеству русскоязычных пользователей	обучающихся на русском языке в странах постсоветского пространства (без учета РФ),	(или 2,5% от всех потребителей языкового контента всемирной сети).
Общая доля школьников за минувшие 30 лет,	занимает восьмое место в мире	результатом 2,86 балла

РУССКИЙ И МИР.

Что стало с русским языком в постсоветском пространстве.

Государственный институт русского языка им. А. С. Пушкина опубликовал второе исследование «Индекс русского языка в мире» за 2021 год.

По результатам сравнения с иностранными языками по разным категориям русский занял пятое место среди 12 ведущих мировых языков с результатом 2,86 балла. Он обошел арабский (2,50), португальский (2,38) и немецкий (2,33), уступив английскому (16,67), испанскому (5,26), китайскому (3,70) и французскому (3,70) языкам. Отрыв лидера мирового языкового индекса (английского) от ближайшего конкурента (испанского) — более чем в три раза.

Русский и другие языки были оценены по следующим параметрам: численность говорящих и пользователей интернета, количество интернет-ресурсов на языке, объем научной информации на языке, статус языка в международных организациях и количество зарегистрированных СМИ.

По словам ректора Государственного института русского языка им. А. С. Пушкина Маргариты Русецкой, в современном мире роль языков определяется не только и не столько численностью носителей, а также его функциональной нагруженностью. Это способность языка удовлетворять потребность человека в информации, социальном и профессиональном взаимодействии, что гораздо сильнее влияет на его конкурентоспособность.

По численности говорящих русский занимает восьмое место в мире — им владеют 258 млн человек. На строчку выше русского языка стоит французский — на нем говорят 267 млн человек в мире. Почти вровень с русским языком идет португальский — 257,6 млн.

По статусу в международных организациях русский язык занимает четвертое место: он является официальным или рабочим в 15 крупнейших международных организациях из 23 рассмотренных. Прежде всего это ООН и глобальные отраслевые организации под ее эгидой.

По большинству параметров русский язык занимает срединные позиции — от 4 до 7, но есть и любопытные отклонения. Например, по количеству русскоязычных пользователей в глобальной сети русский занимает лишь девятое место (или 2,5% от всех потребителей языкового контента всемирной сети), а вот по количеству русскоязычных ресурсов сохраняет вторую позицию: доля сайтов, использующих русский язык в качестве языка контента, — 6,8% от всех веб-ресурсов.

При этом составители индекса относят русский язык к числу «неровных» языков (разбег места в графах индекса — от 9 до 2). Самыми «ровными» оказались английский язык (первая позиция по всем параметрам) и испанский (по первому параметру — четвертая позиция, по остальным — третья позиция).

По числу публикаций в базах данных русский язык сохраняет пятую позицию. По количеству СМИ русский остается на седьмом месте, обогнав при этом китайский, арабский и хинди.

Самым востребованным русский был и остается на территории постсоветского пространства. Этому посвящен индекс устойчивости русского языка в динамике за 30 лет — с 1991 по 2021 год. Во второй части исследования на территории СНГ рассматривались конституционный статус русского языка и участие в государственных коммуникациях, количество студентов и школьников, обучающихся на русском языке, доля научных публикаций и русскоязычных СМИ.

Больше всего русскоязычных СМИ в Белоруссии (81%) и Казахстане (62%). Меньше всего — в Грузии (7%), Эстонии (8,5%) и Литве (7%).

Также с целью анализа влияния языка в научной коммуникации проанализирована доля научных публикаций в российской базе РИНЦ и доля русскоязычных публикаций в международной базе Scopus (общая доля публикаций на русском языке и впервые — в разбивке по областям) по постсоветскому пространству. Русский язык играет важную роль в науке таких стран, как Белоруссия, Казахстан, Узбекистан, Киргизия, Таджикистан и Азербайджан.

При этом есть очевидная проблема для русского языка в сфере школьного и высшего образования. Общая доля школьников за минувшие 30 лет, обучающихся на русском языке в странах постсоветского пространства (без учета РФ), сократилась до 19% — вдвое по сравнению с 1990/1991 учебным годом. Это заметнее всего в школах Литвы, Украины, Туркмении, Грузии и Армении (в 3–10 раз). Число студентов вузов, обучающихся на русском языке в бывших союзных республиках, за тот же период сократилось в 2,1 раза — до 692,3 тыс. человек, что составило в 2019/2020 учебном году лишь 18,4% всего контингента студентов вузов данных стран.

«Полученные данные демонстрируют, что наиболее острой проблемой является сокращение сферы воспроизводства кадров русистов, а численность обучающихся на русском языке сократилась вдвое на всех ступенях образования»,— считает Маргарита Русецкая. По ее оценке, в перспективе семи лет все программы высшего образования в области русистики будут закрыты по причине кадровой необеспеченности, что приведет к сбою в кадровом обеспечении школ во всех странах СНГ.

По набранной сумме баллов индекс русского языка наиболее устойчив в Белоруссии, которая лидирует с отрывом в более чем два раза от Киргизии, а замыкает тройку лидеров Казахстан.

https://www.kommersant.ru/doc/5282288?ysclid=lu1otiqfpt306449079

ЗАДАНИЕ 2. Посмотрите видео, прочитайте текст. Ответьте на вопросы после текста.

1. преодолеть проблему - overcome the problem
2. освоить язык - master the language
3. попытка - attempt
4. энтузиаст - enthusiast
5. внедрять искусственные языки - introduce artificial languages
6. овладеть в совершенстве - master
7. чужой язык - foreign language
8. мозговой имплант - brain implant
9. пожалеть - regret
10. понимать с полуслова - understand perfectly
11. полностью избавиться - get rid of it completely

Когда же люди разных стран и национальностей смогут преодолеть эту дурацкую проблему и научатся понимать друг друга без лишних посредников?

«Моя твоя не понимай». Люди используют 7000 разных языков, и это главное препятствие на пути прогресса. Ведь каждый человек вынужден работать не там, где он больше всего нужен, а там, где он способен объясниться. Даже английский, главный язык международного общения, кое-как освоили всего лишь 2 миллиарда человек, а остальные пять- не способны понять ни научную статью, ни деловую презентацию. Даже по самым осторожным оценкам, языковой барьер ежегодно обходится человечеству в 80 млрд долларов. Из них 35 люди тратят на попытки выучить английский, 22 на изучение других языков, а остальное уходит на оплату труда переводчиков. Только в Америке их сейчас 60 тысяч, причем считается, что в ближайшие годы число переводчиков будет только расти. Вот уже больше 100 лет энтузиасты разрабатывают и внедряют искусственные языки. Они настолько просты и логичны, что любой взрослый человек может в совершенстве овладеть ими за несколько месяцев. Но люди не хотят учить никакие языки, пока их не заставит жизнь. Даже среди жителей США 25 миллионов плохо владеют английским и 55 миллионов никогда не используют этот язык дома.

Получается, наша главная надежда — это компьютерный перевод. В самом деле, современный переводчик вполне позволяет понять общий смысл текста, написанного на чужом языке. Хотя до качественного перевода художественных произведений или до полноценного понимания устной речи им пока еще очень далеко. А может быть, пора вообще отказаться от использования языка? Современные томографы уже могут распознать образ слова в мозгу, на каком бы языке человек его ни думал. Так когда же у нас появятся мозговые имплантаты, позволяющие заниматься телепатии и понимать мысли каждого, кто находится рядом? И не пожалеем ли мы тогда о тех славных временах, когда мы не понимали друг друга?

В конце программы мы узнаем, когда люди на планете начнут понимать друг друга с полуслова, независимо от того, на каком языке думает каждый из них. А пока давайте поговорим о том, как языковые барьеры мы можем преодолевать уже сейчас. И мои первые гости-лингвист Владимир Плунгян и певица, начинающий полиглот и просто красавица Анна Седокова.

- Анна, вам приходится много путешествовать по миру? А есть проблемы какие-то с непониманием?

- Я много времени провожу в Америке и живу там, поэтому мне ваша тема близка сегодня. Мне кажется, что люди способны понимать друг друга, даже не разговаривать, не зная единого языка. Ну, то есть как-то же мы все существуем. Но, безусловно, было бы легче. И моя мечта — это понимать каждый язык на земле.

- Насколько Вы продвинулись?

- Я понимаю, хорватский, чуть-чуть испанский. Ну, английский, понятно.

- Владимир, а вы какие языки знаете?

- На нескольких европейских языках я говорю более-менее. Ну, английский, естественно, французский, еще несколько.

- Вам интересней препарировать этот язык и пользоваться им не обязательно.

- Конечно, нам интересно, чтобы языков было как можно больше, и чтобы они как можно сильнее отличались друг от друга.

- А какие у нас противоположные …

- Людям нашей профессии есть чем заняться.

- Чтобы все-таки был один язык единый, а вам интересно, чтобы было больше?

- Конечно, да.

- Как у нас уже схватка?

- А сколько сейчас языков?

- Тысяч семь- специалисты так называют.

- А основных таких, мощных?

- Вы знаете, вообще 90% населения земного шара, которых как раз 7 миллиардов, говорят всего на 25 языках, как считается.

- Возможно ли в будущем такое, что какой-то язык один начнет доминировать, а остальные постепенно исчезать, передавая ему какие-то свои части?

- Если мы идем к глобализации, мир становится маленьким, то не исключено. Но это значит, что будет доминировать какое-то одно государство, какая-то одна культура, одна цивилизация.

- Какие кандидаты? По порядку? Какой самый вероятный кандидат?

- Английский, испанский, китайский, арабский. Вот четыре. Правильно?

- Да, абсолютно с вами соглашусь.

- Можем русский оставить.

- Русский, я считаю, что русский это один из основных языков в будущем мире. И я, я, правда, прямо настаиваю.

- Все-таки русский входит в число мировых языков, их 10 языков.

- И нас много.

- Анна, профессиональный вопрос вам. А вы не только говорите на разных языках, Вы, наверное, еще и поете на разных языках. А насколько это сложно? Что вам больше нравится - на одном языке петь на родном или постоянно менять?

- Сложно, потому что, прежде всего, самое сложное это акцент. И, например, почему очень многие звезды, которые приезжают в Голливуд работать, почему ни у кого ничего не получается? Потому что там тебе необходимо избавиться полностью от акцента.

- А есть примеры людей, которые научились?

- Безусловно.

- Ну, конечно. Вы знаете, меня поражает, когда я прихожу в магазин, я иногда себя думаю, ругаю, чего-то мне не получается это, не выучила это и все не складывается. И я прихожу в магазин, и стоит такая бабулечка, ей лет 85, и она разговаривает на прекрасном английском языке. И я тебе говорю если бабулечка сумела научиться, то почему, чем же я хуже?

- Бабулечка может изучить иностранный язык. А может ли это сделать компьютер?

- Компьютеров, которые научились бы хотя бы так, как, ну, скажем, 7-летний ребенок? Пока что никто ...

- В защиту компьютеров могу вам сказать, что так как я постоянно пользуюсь тем же Гугл переводчиком...

- По-моему, ужасно.

- ...И он становится с каждым днем все лучше и лучше.

- Как Вы думаете, скоро ли люди смогут понимать друг друга с полуслова?
- Как мы можем преодолевать языковые барьеры?
- Как Вы думаете, как глобализация влияет на языки и общение в современном мире?
- Согласны ли Вы, что в ближайшие годы число переводчиков будет только расти?
- Учитывая, что в мире более 7 тысяч языков, предполагаете ли Вы, что в 21 веке будет доминировать какой-то один язык? С чем это может быть связано?

ЗАДАНИЕ 3. Посмотрите видео. Соедините слова из текста.

1. исчезнут	a. суть
2. понимать	b. прикладных задач
3. в зависимости	c. инструмент
4. мельчайшие	d. мир
5. целый спектр	e. от контекста
6. окружающий	f. трудности перевода
7. получить в руки	g. детали

- Будущее ближе, чем мы думаем. Одна российская компания обещает вот-вот выпустить на рынок универсальный компьютерный переводчик.

Мы создаем будущее своими руками. Будущее, где появится единый язык и исчезнут трудности перевода. Пока электронные переводчики с этими трудностями не справляются. А вот для новой разработки компании Abbyy Compreno форма вопроса значения не имеет, она умеет понимать суть.

списать/списывать в утиль

утиль - вещи, негодные к употреблению, но пригодные для переработки

- Например, «table» - английское слово. Оно многозначное. Может быть, очень много различных понятий. У нас, например, «печь» - есть слово «печь» как глагол, есть слово «печь» как существительное. Это совершенно разные понятия, а слово одно и то же. В зависимости от контекста и в зависимости от роли этого слова в предложении, мы используем разные понятия. Чтобы научить машину общаться с человеком по понятиям, предложения надо разобрать на мельчайшие детали, тогда программа сможет уловить контекст сказанного. Для нас это тривиальный процесс, но как только мы хотим перевести это в алгоритм компьютерного кода, то сталкиваемся с огромным количеством проблем.

Языков на нашей планете около 7000. И для того, чтобы все они стали понятны без помощи другого человека, компания Abbyy потратила 17 лет, 65 млн долларов и 1700 человеко-лет. Compreno находится в стадии доработки. Но как только программы на ее основе выйдут на рынок, то это позволит на качественно новом уровне решать целый спектр прикладных задач в области перевода и многоязычного поиска.

- У меня в гостях владелец компании Abbyy, известный IT предприниматель Давид Ян. Давид, а какие проблемы сложнее всего решить создателям универсального переводчика?

- Проблемы человечества, понимание того, как устроен наш мир. Переводчики, которые есть на сайтах, в частности, на Google, они берут сотни миллионов текстов, переведенных когда-то людьми, и используют их как коллаж. Они берут, находят в новом тексте похожий участок и переводят похожим образом. Проблема очень простая. Когда система переводит, не понимая смысла, она начинает путать какие-то понятия, часто встречающиеся рядом, например, Ющенко и Януковичем. Но есть и гораздо более фундаментальная проблема - проблема того, когда человек использует, опускает какие-то слова в тексте или использует слово «он», например, «человек сидит на стуле, он читает газету». Кто читает - стул или человек?

- Ну, например, Гугл переводчик вместо. «Я послал вам письмо», переводит «Я послал вас письму» с французского.

- Не объединит ли это наше представление о мире? Если все, что мы понимаем, все, что нам казалось, находится вот здесь, будет находиться еще и в телефоне.

- Нам станет легче жить. Миллиарды документов появляются ежедневно. Если человечество не получит в руки инструмент, который сможет из этих документов получать знания. Но человечество в некоторый момент упрется, и произойдет комбинаторный взрыв.

- Вас не пугает такая перспектива, что ваш телефон будет понимать все то же, что и вы об окружающем мире?

- Иногда меня вообще пугают мои отношения с телефоном, честно вам скажу, потому что мне ...

- Его здесь нет. Поэтому можете сказать спокойно.

- Поэтому мне хочется, я хочу как-то его... Он настолько завладел, порою завладевает мной, что мне хочется от него как-то избавиться уже порой. Потому что я понимаю, что какая-то часть моей жизни, которая уже сейчас, на сегодня является абсолютно неотъемлемой.

- Давайте представим себе мир через 20 лет, когда компьютерные переводчики вошли в нашу жизнь. В чем этот мир будет отличаться?

- Через 20 лет, я думаю, что будет так. Что вы подумали это на русском? Кто-то уже понял это на китайском, не произнеся слов?

- Надеюсь, что нет. Чтение мыслей. Как-то человечество к этому, мне кажется, не готово. Такого не существовало никогда. И человек так устроен, что все-таки то, что он думает, скрыто. Язык на то и существует, чтобы никому недоступные мысли превратить в тексты, которые можно воспринять.

ЗАДАНИЕ 4. Посмотрите видео. Заполните пропуски.

утиль	общенациональном	полиглот	императоре
лингвистами	словарями	конкуренцию	оспаривать
массовом	синхронист		

- Впрочем, сами переводчики и .... считают, что их еще рано списывать в .... Лучше изучать их гены. Есть даже целые семьи полиглотов, у которых способности к языкам — это наследственное.

- В детстве я играл со ...., потому что в доме было очень много словарей по самым разным языкам. Моей бабушке довелось закончить гимназию еще при государе ...., когда в гимназии абсолютной нормой считалось изучение трёх-четырёх языков. Поэтому с детства она читала мне сказки и по-немецки, и по-французски, и по-английски. Мои родители оба были профессиональными .... Отец был переводчиком итальянского языка, мама- преподавателем английского и немецкого. Мои дети с раннего детства уже имели возможность развиваться в многоязычной среде. В дальнейшем мой старший сын стал профессиональным переводчиком. В прошлом году он закончил университет и сейчас .... с английским, испанским. Генетический фактор, конечно, оказывает свое позитивное влияние. Это нельзя ....

- К нам присоединяется филолог, полиглот и переводчик Виктор Сонькин. Виктор, скажите, а опыт таких фамильных династий переводчиков, как Петровы, он изучался как-то?

- Очень легко прикинуться, что ты знаешь язык, если ты знаешь его немножко, а люди вокруг не знают совсем. Я на самом деле не полиглот. Я профессионально работаю с тремя-четырьмя языками и еще на трёх-четырёх могу читать и объясниться.

- Скажите, может ли обычный человек, каждый человек на планете освоить три-четыре языка, включая свой? Да, конечно. Более того, есть в истории и современности ситуации, когда это просто необходимость, когда человек, скажем, говорит на своем племенном языке, когда он говорит на .... языке и говорит на языке межнационального общения, то есть как бы где-нибудь в Африке это совершенно стандартная ситуация.

- Небольшая часть человечества уже так и существует. Но надо иметь в виду, что если такая ситуация действительно возникнет, и люди много лет, много времени будут говорить одновременно на трех языках в .... порядке, то эти языки изменятся, они станут похожи друг на друга.

- Вы чувствуете конкуренцию со стороны компьютерных переводчиков уже сейчас?

- Нет, потому что .... компьютерные переводчики пока составляют конкуренцию плохим переводчикам, хорошим- нет.

ЗАДАНИЕ 5. Посмотрите видео. Найдите синонимы в тексте.

1. с удовольствием, с радостью
2. разнообразие, множество
3. возрастает
4. идеальный, безупречный
5. как минимум, хотя бы
6. тем не менее, однако, всё же
7. с использованием
8. основа, идея
9. представлять, наглядно показывать
10. разумеется, безусловно

- Есть альтернатива обычному языку? В современных медиа есть популярный жанр-инфографика, когда сложные взаимосвязи объясняются **с помощью** простых картинок, и даже серьезные бизнесмены **охотно** включаются в эту игру.

- На внутреннем круге мы показываем, какие люди и какие владельцы, какие компании владеют какими издательским домами. И дальше мы показываем уже конкретные издания. Так выглядит сухой текст после **калейдоскоп**а инфографики. Инфографика это то, чем занимается Максим. Он, как автор детских книжек для взрослых, все сложное превращает в простое.

- Количество информации, которое у нас в современном мире появляется, **увеличивается** с каждым, с каждым годом просто на порядки. Обычным жителям и обычным гражданам, и бизнесу нужно как можно, как можно быстрее, как можно активнее потреблять эту информацию.

Потреблять активнее, а упаковывать более сжато и выразительно. Вот основной **принцип** инфографики. Выглядит это так. Например, есть компания, в которой 80% человек получили высшее техническое образование, а остальные- гуманитарные. Что такое 80%? Это доля, доля от целого. Для того, чтобы понять, как **визуализировать**, идем в справочник-подсказку, это круговая диаграмма, всем нам известная. Итак, вся информация о компании, которая в сухом печатном виде располагается на трех страницах, превращается в один яркий и понятный даже ребенку плакат. Такая форма коммуникации идеально подходит бизнесу, и он уже перешел на язык инфографики. Осталось к такой форме коммуникации придумать новый канал ее передачи, чтобы мы, как герой фильма «Кин-дза-дза!» с планеты Плюк понимали друг друга с полузвука.

- А как на самом деле устроен язык у нас в голове? Об этом мы поговорим с моим следующим гостем, экспериментальным лингвистом Ольгой Дорогой. Ольга, скажите, пожалуйста, что у нас в голове на самом деле: текст или картинки?

- Язык, **конечно**, это один из самых эффективных кодов, с помощью которых можно выразить результаты мышления, но не единственный.

- То есть получается, как на инфографике, что у нас в голове? И картинки, и подписи, и цифры...

- В некий момент и к картинкам, и к сенсомоторным процессам подключается языковые обозначения.

- Есть область, в которой текст точно будет лучше, чем картинка?

- Я думаю, что выяснение межличностных отношений — это как раз тот случай.

- Мне кажется, что конкурировать с естественным языком человека **всё-таки**, **по крайней мере**, самому человеку, не получится. Потому что наш язык это все-таки такое очень изощренное достижение эволюции или чего хотите. Ничего лучше, совершеннее мы... Поэтому визуальный язык — это способ имитировать наш собственный язык.

- Самый **совершенный** компьютерный переводчик не сможет передать смысл сказанного идеально. Ведь люди, даже разговаривающие на одном языке, просто плохо понимают друг друга.

ЗАДАНИЕ 6. Дополните диалог.

| совершенное | визуализировать | охотно | с помощью |

- Ты не мог бы помочь мне с этим проектом? Я не знаю, как лучше .... данные.

- Конечно, Анна. Я .... помогу. В чём именно нужна помощь?

- Мне нужно визуализировать данные так, чтобы они стали более понятными для наших коллег. Я думаю, что .... графиков и диаграмм мы сможем представить информацию более наглядно.

- А что, если мы представим всю информацию в виде инфографики?

- Хорошая идея! Ты действительно хорошо разбираешься в этом.

- Спасибо. Мне кажется, важно не только представить данные, но и сделать это так, чтобы они были легко воспринимаемы и интересны для аудитории.

- Полностью согласна. Я уверена, что благодаря нашему совместному труду, мы создадим нечто ....

ЗАДАНИЕ 7. Подготовьте презентацию «Как изменился мой родной язык и общение в целом за последние 20 лет».

Зависимости в современном мире

ЗАДАНИЕ 1. Проанализируйте цитату из книги «Homo Deus. Краткая история будущего» Юваля Ной Харари.

«В Перу, Гватемале, на Филиппинах и в Албании – развивающихся странах, страдающих от нищеты и политической нестабильности, – каждый год в среднем от двух до семи человек из 100 тысяч совершают самоубийство. В таких богатых и мирных странах, как Швейцария, Франция, Япония и Новая Зеландия, ежегодно кончают с собой от 12 до 23 человек из 100 тысяч. В 1985 году большинство южных корейцев, живших в условиях авторитаризма, были бедными, темными и косными. Сегодня Южная Корея – ведущая экономическая держава со стабильным и относительно либеральным демократическим режимом, ее граждане принадлежат к числу самых образованных в мире. Но если в 1985 году сводили счеты с жизнью около девяти из 100 тысяч южных корейцев, то сегодня процент самоубийств вырос более чем второе – до тридцати на 100 тысяч».

ЗАДАНИЕ 2. Посмотрите видео и обсудите в мини-группах.

- Как Вы думаете, почему видео называется «очень грустный видео-ролик»?
- Какие проблемы современного технологического общества показаны в этом ролике? (Стресс, одиночество, депрессия...)?
- Что нужно делать, чтобы не тратить драгоценное время на гаджеты?
- Как Вы думаете, почему эмоциональный контакт и духовная составляющая уходит на задний план в социуме 21 века?
- Вы рассматриваете технологическое общество как этап эволюции или скорее деградации человечества?

ЗАДАНИЕ 3. Заполните инфографику, используя следующие фразы:

- пользованию интернетом без необходимости, то есть, оно не связано с работой или обучением
- по отсутствию других интересов и стремлений
- раздражительность и нервозность при невозможности пользоваться интернетом
- нежелание отвлекаться на другие дела
- постоянное желание выйти в сеть
- пренебрежительное отношение к личной гигиене
- нарушения режима питания и сна
- отказ от реального общения, конфликтность
- готовность вкладывать деньги в интернет и компьютер
- ежедневному времени пребывания в сети, превышающему 5 часов
- отказу от личного общения, разрушению отношений с окружающими, отрыву от реальности
- нарушение внимания

Интернет-зависимость можно распознать …

• ....
....
....
....
....

К симптомам зависимости от всемирной паутины относятся …

• ....
....
....
....
....
....

ЗАДАНИЕ 4. Посмотрите видео. Заполните таблицу.

Эйфория – это

Пагубные пристрастия в прошлом	
Пагубные пристрастия в современном общества	
Общий корень всех зависимостей	
Механизм зависимости: смысл и эксперимент	

Эйфория, нега, блаженство – вот, что мы чувствуем на пике удовольствия. Нам хочется быть счастливыми, и чем чаще, тем лучше. Но погоня за приятными эмоциями сыграла с человечеством злую шутку.

- Человек, который выбрался, например, из героиновой зависимости, его мозг уже поломан в принципе.

Каждый 20-й взрослый человек на земле зависит от наркотиков. Каждый пятый - от сигареты. Каждый третий - от алкоголя. Но мало кто знает, что на этом список опасных зависимостей не заканчивается.

- Нам надо привыкнуть к тому, что интернет может быть опасен. Можно сказать, пришел новый кокаин в виде Интернета.

Что общего между фанатом конных турниров и компьютерных игр? Почему желание открыть холодильник становится навязчивой манией? Зачем люди покрывают свои тела множеством татуировок и с завидным постоянством покупают вещи, которые уже некуда складывать?

- Он просто не может по-другому получить удовольствие, кроме как прибегать к своей зависимости снова и снова.

Какова биологическая природа зависимости и почему невинные желания становятся нашим проклятием? Зачем мозг толкает нас на повторение одних и тех же действий? Почему с каждым днем бороться с зависимостями становится все сложнее? Неужели человек обречен быть их рабом до смерти?

Пьянство, курение, наркомания, азартные игры — вот, пожалуй, весь список пагубных пристрастий наших ближайших предков. В новом столетии словарь человеческих слабостей активно пополняется, счет там идет уже на десятки. Иметь некоторые привычки сегодня не только не стыдно, но, напротив, модно. Трудоголизм, радио и телемания, гаджетомания, с особой разновидностью смс-мании, фитнес мания и адреналиновый допинг. В обиходе появляются и не всегда понятные термины «gambling»- игровая зависимость заппинг-страсть переключать каналы, ониомания- неудержимая тяга покупать.

Искушение сделать ставку в карточной игре, при малейшем недомогании- принять таблетку или взбодриться чашкой эспрессо. Казалось бы, разные вещи. Но на самом деле - суть одного явления.

- Есть общий корень всех зависимостей. Это так называемое привыкание к тому агенту, который вызывает у меня приятное такое возбуждение.

Алла Милёхина считает, что зависимости имеют схожую природу.

- Или приятные эмоции, какие-то приятные ощущения внутри моего тела, внутри моего сознания.

Получается, в основе зависимости - потребность ощущать удовлетворение. Так устроен наш мозг. Он выдаёт награду за каждый правильный, с его точки зрения, поступок, выбрасывая небольшую дозу дофамина - гормона счастья. И в погоне за этим приятным ощущением мы снова и снова повторяем успешную модель поведения. Но то, что нравится нашему мозгу, на самом деле убивает нас.

- Это приводит к изматыванию организма, и в последующем он просто не может по-другому получить удовольствие, кроме как прибегать к своей зависимости снова и снова.

Механизм зависимости наглядно показывает следующий эксперимент: в мозг крысы, а именно в центр удовольствия, был вживлён электрод. Чтобы он заработал, животному было необходимо прикосновением его активировать. Учёные с удивлением обнаружили, что, освоив стимуляцию центра удовольствия, крыса перестала замечать кормушку и поилку. Она чувствовала себя настолько счастливой, что забыла о естественных потребностях и в итоге умерла от истощения.

Точно так же ведут себя зависимые люди. И самое страшное, что в зависимость может перерасти даже невинная привычка.

ЗАДАНИЕ 5. Посмотрите видео. Заполните таблицу. С кем из экспертов Вы согласны?

Мнение Александра Войскунского

Мнение Артура Паршина
Мнение Владимира Малыгина
Ваше мнение

Сегодня в мире интернет-зависимостью поражены 450 миллионов человек. Это население США и России вместе взятых. Почти столько же людей в начале 20 века переболели испанкой - самым смертоносным штаммом вируса гриппа. Неужели на планете бушует цифровая пандемия?

- То есть лекарств от интернет-зависимости нет и не будет?

Александр Войскунский считает интернет-зависимость тяжёлой патологией.

- Кстати, пытаются китайцы на основе своей народной китайской медицины смеси каких-то растений давать, но я думаю, что они носят скорее эффект успокоительный.

Специалисты говорят, что часами глядя на экран монитора, телевизора или смартфона, человек разрушает свою личность. Причем в группе риска прежде всего дети. Их психика еще не до конца сформирована.

- Компьютерная зависимость развивается в более молодом возрасте, когда происходит очень серьезный внутренний конфликт. Подросток не чувствует разницы между реальностью и тем миром, который существует в компьютере.

Выясним, что происходит в мозге ребенка, который виртуальному миру уделяет больше времени, чем реальному.

В этом эксперименте нам поможет Александр- геймер с четырёхлетним стажем. Пока он увлеченно мчится по ночному треку, прибор регистрирует электрическую активность мозга.

- По био электрической активности мы можем увидеть усиление альфа-ритма. Он человека подвигает к получению примитивных удовольствий, которые не основаны на использовании интеллекта.

Артур Паршин считает, что игромания притупляет интеллект.

- Соответственно, можно сказать, что человек отключается от реальности и просто следует своим инстинктам во время игры.

Судя по измерениям, у Александра активна зона мозга, ответственная за получение удовольствия. Выходит, он стимулирует игрой те же самые центры, что и люди, страдающие другими патологическим пристрастиями.

- Зависимость у гаджетомана или зависимого от Интернета, примерно так же проявляется, как и у наркомана, или у алкоголика, или у того, кто курит.

В Китае интернет-зависимость признана психическим заболеванием. Детям запрещают сидеть за компьютером больше трёх часов в день, если это правило не соблюдается, любой из родителей может привести ребенка в клинику, где его будут лечить строевой подготовкой и электрошоком. Такие жесткие меры принимаются, чтобы не допустить трагедии, аналогичной той, что случилась в августе 2012 года. 12-летний подросток из Центральной России поднял руку на отца, когда тот перерезал провод от его компьютера. Брошенный родителям нож стал орудием убийства.

- Сейчас сравнительно более редкое явление, нежели суициды. А суицидов больше, чем агрессии на близких. Агрессия на близких — это чаще все-таки в рамках какой-то серьезной патологии.

Владимир Малыгин считает, что интернет-зависимость приводит к потере чувства реальности.

- Нам надо привыкнуть к тому, что интернет может быть опасен.

Накануне ссоры отец и сын вместе ловили рыбу и жарили шашлыки. Но стоило лишить ребенка любимой игрушки, и мальчик переступил черту. Наказал обидчика так же, как поступал с врагами из виртуальной реальности.

- Интернет зависимые подростки, интернет зависимые люди. Они дети дезадаптивны, у них нарушена адаптация в социальной жизни, и они, соответственно, уходят в виртуальный мир, потому что в реальном мире им очень плохо, они не приспособлены к нему.

Несмотря на вопиющие факты, в международной классификации болезней понятие интернет-зависимости не описано. Впрочем, употребление наркотиков, табака и алкоголя долгое время тоже не казалось проблемой. Возможно, уже через 10 лет игромания войдет в медицинские справочники, а онлайн игры будут под запретом.

ЗАДАНИЕ 6. Посмотрите видео. Соедините русские слова и их английские эквиваленты.

1. глянцевый		a.	bulimia
2. плен		b.	eat up a stressful situation
3. булимия		c.	undoubtedly
4. анорексия		d.	captivity
5. привычка перекусывать		e.	evolution
6. приступ		f.	binge eating
7. прожевать		g.	chew
8. расстройство		h.	make fun of
9. корни кроются		i.	gain weight
10. заедать стрессовую ситуацию		j.	legal age/adulthood
11. безусловно		k.	snacking habit
12. магнитно-резонансный томограф		l.	perfection
13. эволюция		m.	fall asleep while walking
14. зависимость		n.	knowing of limits
15. вознаграждение		o.	addiction
16. переедание		p.	exhaustion
17. засыпать на ходу		q.	glossy
18. набирать/набрать вес		r.	the roots are hidden
19. подшучивать		s.	magnetic resonance imaging
20. истощение		t.	impeccable appearance
21. совершеннолетие		u.	attack

22. совершенство	v. disorder
23. безукоризненная внешность	w. reward
24. чувство меры	x. anorexia

Далее в программе. Как попадают в глянцевый плен? Молочный коктейль, сладкий наркотик. Булимия или анорексия, что убивает быстрее? Смотрите прямо сейчас.

Вслед за утром в нашу жизнь врываются тревога и стресс. В такой ситуации часто хочется утешить себя тем, что всегда поднимает настроение - едой. Большинство из нас не видит в привычке перекусывать ничего плохого. Но так ли это на самом деле?

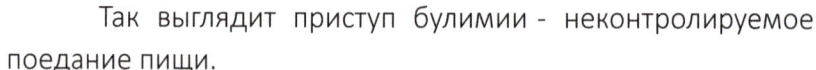

Так выглядит приступ булимии - неконтролируемое поедание пищи.

- Все, что есть в холодильнике, сметается за 15 минут. В этот момент мы с вами даже проживать ничего не успеваем. Они съели всё, заели 20 пачек «Доширака» тремя пачками тайской смеси. Далее запили все это двумя литрами кефира, съели «Чокопай» две упаковки и навернули два граната.

Булимия - крайняя степень нарушения пищевого поведения. Но кроме нее есть немало слабо выраженных расстройств, которые часто называют пищевым алкоголизмом.

Где кроются корни болезненной привычки?

- Если изначально все-таки действительно какая-то стрессовая ситуация ведет к тому, что человек начинает ее заедать.

Олег Гладышев считает, что женщины подвержены пищевой зависимости больше мужчин.

- То в дальнейшем, к сожалению, человек доходит до того, что любая стрессовая ситуация: ноги промочил, дождь пошел, я зонтик забыл, сын двойку принес, приводит к тому, что он начинает заедать. А это далее сказывается, безусловно, на фигуре.

Реаниматологу Ларисе Бычковой часто приходится вытаскивать людей с того света после аварий, передозировки или инфаркта. И каждый раз, заканчивая тяжелую смену, Лариса находит утешение в коробке шоколадного печенья.

Сегодня дозу сладкого ей заменит рассказ о вкусном обеде. Лариса будет слушать аудиозапись, проходя обследование на магнитно-резонансном томографе. Так мы узнаем, как реагирует ее мозг на мысли о еде.

- Представьте себе горячего и аппетитно цыпленка на вашем столе. Золотистая кожа лоснится, тонкий аромат щекочет ноздри.

Сейчас прибор составляет карту мозга Ларисы и выделяет активные участки по одному простому признаку - усилению притока крови. И, судя по картине, которую мы видим, мысли о еде стимулируют центры удовольствия. Получается, пища, особенно сладкая, вызывает процессы сродни тем, что возникают при употреблении других стимуляторов.

- Эволюция млекопитающих настроила нашу вкусовую систему, вкусовые рецепторы на сладкое.

Вячеслав Дубынин уверен, что склонность к зависимостям есть у каждого человека.

- Сладкое — это значит энергия. И наш мозг так врожденно сделан, что когда мы получаем сладкую пищу, мы получаем положительные эмоции. Уже на этом уровне может возникнуть зависимость.

Исследователи Техасского университета продвинулись еще дальше в экспериментах с магнитно-резонансным томографом. Они измеряли уровень реакций удовольствия в мозге женщин, выпивших молочный коктейль. Спустя полгода реакция системы вознаграждения на сладкий напиток притуплялась, как у наркоманов и алкоголиков. Чтобы получить все тот же уровень удовольствия, размер порции со временем должен увеличиваться. И это - обратная сторона переедания. Пищевые алкоголики неизбежно набирают вес.

- И вот когда он начинает зашкаливать давление, когда он начинает засыпать на ходу, синдромом Пиквика, то есть действительно на ходу, засыпает на ходу, это начинает выбивать его из его ритма рабочего, из его социальной среды. Вот тогда это можно говорить уже о патологическом каком-то развитии зависимости.

Но пока одни бегут от стресса к холодильнику, другие, боясь поправиться, вовсе перестают есть. Лера Кошкина начала худеть, потому что над ее фигурой подшучивали одноклассники. К совершеннолетию девушка довела себя до полного истощения, весила 32 килограмма.

- Я довольно-таки импульсивный человек, и в жизни всегда стремлюсь к совершенству. Этим порой оправдываются мои странные поступки.

Выпирающие ребра, узкая грудь, впалый живот.

- Я самостоятельно смогла выйти из такого тяжелого заболевания, как анорексия. Сейчас психологически я уже от нее не страдаю.

Когда она решила остановиться, было уже поздно. Лера не стало в марте 2013 года. Несмотря на явный вред здоровью, общество приемлет и анорексию, и пищевой алкоголизм, как, впрочем, и множество других зависимостей, которые вошли в моду.

Всегда быть в форме и хорошо выглядеть- вполне нормальное желание. Но мечта иметь безукоризненная внешность, оказывается, тоже не так безобидна. Сначала солярий, потом фитнес, а там и пластический хирург. Стремясь к идеальному отражению в зеркале, человек не замечает, как теряет чувство меры. Так наступает болезнь.

ЗАДАНИЕ 7. Посмотрите видео. Какой тест провёл врач-психолог? К какому выводу он пришёл?

1. соревнования- competitions
2. качать мышцы- pumping muscles
3. исследование- study
4. пагубный- destructive
5. коленка - knee
6. сгинать/согнуть- bend
7. нагрузка- load
8. в ущерб другим интересам - to the detriment of other interests
9. психолог- psychologist
10. передышка – pause to rest
11. тревожность- anxiety
12. синдром отмены- withdrawal syndrome
13. эндорфины- endorphins
14. суицид- suicide
15. крайности- extremes

Нью-Йорк, 1970 год. Арнольд Шварценеггер впервые выигрывает на соревнованиях по бодибилдингу титул «Мистер Олимпия». Весь мир бросается качать мышцы, подобно юному культуристу. В том же году выходит в свет первое исследование на тему «Адикции упражнений или зависимости от спорта». Казалось бы, что плохого в беге или упражнениях со штангой? Но в чрезмерном увлечении спортом психологи находят сходство с пагубными привычками.

- Коленка одна согнута, вторая — прямо, тянем носок на себя. Тянем, тянем, тянем.

Зависимые от физических упражнений постоянно повышают нагрузки и тратят больше времени на любимое хобби в ущерб другим интересам.

- Да, надо локтями работать.

Мы решили выяснить, насколько зависят от своего увлечения постоянные члены беговой клуба в парке Горького. Каждый вечер они совершают трёхкилометровую пробежку в самом живописном месте Москвы.

В парк мы пригласили врача-психолога и предложили пятерым участникам клуба пройти осмотр у специалиста, а после этого сделать двухдневную передышку.

- Тест рассчитана на исследование тревожности как личностного качества и агрессивности, разных ее видов. То есть обычно у кого высокая тревожность, у того агрессивность либо занижена чрезмерно, либо, наоборот, поднята.

Спустя 48 часов бегуны снова встречаются с психологом. Судя по экспресс-тестированию, они чувствуют гораздо большее напряжение и тревожность, чем до начала эксперимента.

- Можно говорить о том, что это, в общем-то является нормальной человеческой реакцией на фрустрацию. О том, что тот уровень напряжения, тот уровень нагрузки, который они получали, был для них важен, был для них нужен.

Василий Щербачёв считает, что привычка к постоянным физическим нагрузкам может навредить человеку.

- И сейчас, когда они перестали его получать, их организм реагирует на это агрессивно.

Фактически бегуны переживают синдром отмены, который возникает у всех зависимых. Мозг, привыкшего к тренировкам человека вырабатывает эндорфины, - вещества, улучшающие настроение. Стоит перестать заниматься спортом, и уровень эндорфинов падает. Начинается ломка.

- Люди, которые раньше занимались экстремальными, либо видами спорта, либо экстремальными профессиями. Они заканчивают жизнь либо в алкоголизме, и очень высокий процент суицида у таких людей.

В погоне за хорошей формой, мы не просто подрывая организм тренировками, но и бросаемся в крайности, которые у многих вызывают шок.

ЗАДАНИЕ 8. Подготовьте презентацию о зависимостях вашего поколения.

БАЙКАЛ

CHAPTER 5

ЗАДАНИЕ 1. Посмотрите видео. Соотнесите говорящих и их реплики.

- Кострома, Плёс, Мышкин - все города душевные, наверное, правильно сказать.

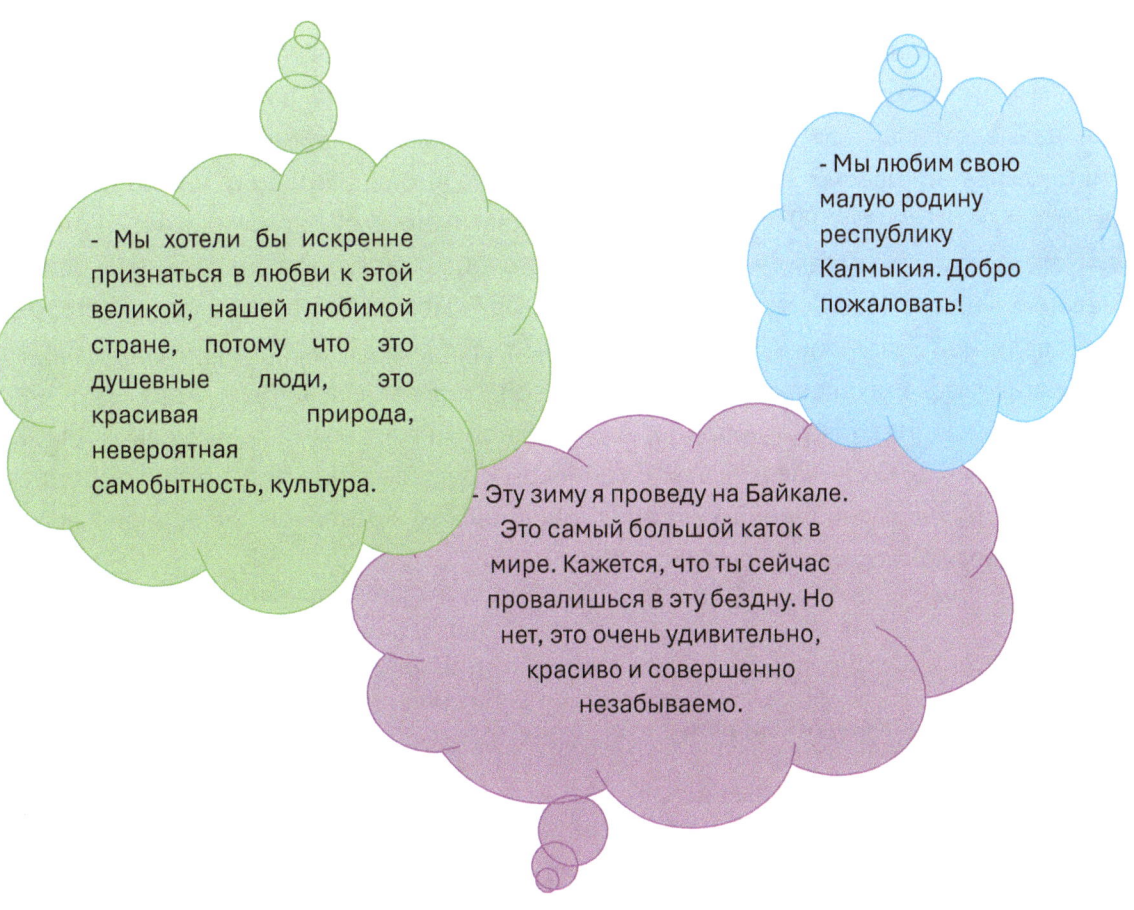

ЗАДАНИЕ 2. Посмотрите видео. Отметьте верные утверждения.

☐ *Памятник Бабру присутствует на гербах Иркутска и Иркутской области.*
☐ *Капитаны забайкальских судов называют Байкал озером, а не морем.*
☐ *Ангара – единственная река, вытекающая из Байкала.*
☐ *После строительства гидроэлектростанций уровень воды в озере опустился почти на полтора метра.*
☐ *Ледоколы Байкал и Ангара были построены в Великобритании для Транссиба в начале 20 века.*
☐ *Музей "Тальцы" содержит ценные экспонаты деревянного зодчества.*
☐ *В Сибири не было крепостного права.*
☐ *Старейший ледокол страны катал туристов по Байкалу до 1963 года.*
☐ *Ясак – деньги, которые должны были платить коренные народы царю в 17 веке.*

Это «Непутёвые заметки» с Дмитрием Крыловым.

Привет, попутчики. Конечно, каждое место в мире, у нас в отечестве каждое, - оно уникально. Но не всякое становится объектом туристического паломничества. Но те, что стали мы называем знаковыми. Что это значит? Почему мы стремимся увидеть их своими глазами, так сказать, живьем? Эти самые знаковые места, чтобы сфоткаться или селфиться на их фоне? Ну, так поступают 99 из 100. Но мы-то с вами другие. Верно или нет? Конечно, другие. Потому что понимаем, что знаковое место оно - отдельная, наделенная особым материальным или символическим значением. Оно может быть связано с историей, культурой, религией и другими какими-то факторами, которые делают его уникальным и, как многие полагают, обладающее энергетической силой, особым излучением, а его излучение- ничем не замеришь. Нет таких приборов, кроме одного и он у вас есть. Коль вы – зрители «Непутёвок». Этот прибор - ваша душа. Именно она даст вам почувствовать при встрече пустое оно, затоптано миллионами пар туристических кроссовок или оно излучает невидимую энергию, которую улавливает душа? У кого она есть.

«Славное море, священный Байкал,

Славный корабль — омулевая бочка.

Эй, баргузин, пошевеливай вал, —

Молодцу плыть недалечко».

Байкал. Ну, с баргузином мы с вами поплывем летом, потому что нынче нам посчастливилось побывать на Байкале зимой. Он предстал перед нами во всей своей морозной ледяной красе, но самого славного моря мы тогда не увидели, поскольку море в нашем с вами представления — это все-таки водное пространство, а не снег и лёд. Кстати, забегая вперед, скажу, что капитан забайкальских судов никогда не называет Байкал озером. Только морем.

Географически Байкал поделен между двумя регионами. Сюда попадают либо со стороны Бурятии, либо, как это сделали мы в этот раз- со стороны Иркутска. Дорога от Иркутска до ближайшего берега

1. **туристическое паломничество** - tourist pilgrimage
2. **знаковое место** - iconic place
3. **излучение** - radiation
4. **душа** - soul
5. **кроссовки** - sneakers
6. **улавливать** – capture, detect
7. **баргузин** (северо-восточный ветер, дующий в средней части Байкала из долины реки Баргузин) - barguzin (wind)
8. **вал** - shaft
9. **краса** - beauty
10. **забегая вперед, скажу, что** - jumping ahead of myself I will say that
11. **полумифическое существо** - semi-mythical creature
12. **с оговоркой** - with a proviso
13. **чудо-юдо** - whangdoodle
14. **ничтоже сумняшеся** - without hesitation
15. **бобр** - beaver
16. **обличье** - appearance
17. **герб** - coat of arms
18. **геральдический** - heraldic
19. **перепончатые лапы** - webbed feet
20. **ледокол** - icebreaker
21. **судоферфь** - shipyard
22. **просчитаться** - miscalculate
23. **тонуть** - drown
24. **садиться на мель** - run aground

Байкала занимает около часа времени. По дороге мы успели кратко тормознуть в двух знаковых местах. Первое- это у памятника Бабру, тому самому полумифическому существу, что присутствует с середины 17 века на гербах Иркутска и Иркутской области. С некоторой оговоркой- в течение почти 200 лет бабра изображали в его правильном обличье в виде тигра или леопарда, кем он на самом деле и является. Но по вине нерадивых чиновников, которые, не разобравшись, что это за чудо-юдо «бабр», ничтоже сумняшеся, исправили в его написании одну букву и получился «бобр».

К счастью, несмотря на орфографической ошибку, тигр в бобрином обличье все же не появился на гербе, но геральдический бабр обзавелся бобриным хвостом и перепончатыми лапами. Да, вот такая вот вышла путаная история, Мария Сергеевна.

Мы движемся дальше, и на выезде из Иркутска нас встречает Ангара во всей своей красе. Вернее, две Ангары, одна из которых — это старейший ледокол с удивительной историей. Он и его сотоварищи Байкал были построены в Великобритании в конце 19 века для того, чтобы законнектить, как сейчас сказали бы, Транссиб, что подходил к Байкалу с двух его берегов. К слову сказать, стоимость доставки ледоколов из Ньюкасла была равна стоимости самих кораблей при сходе их судоверфи. Но, увы, инженеры просчитались. Ведь байкальский лед это вам не хрусткая плёночка английских озер и английские ледоколы с байкальском льдом не справились. А по окончании строительства Транссиба стали и вовсе не нужны. Старший Байкал сгорел во время гражданской войны. Ангара же оказалась удачливее и до 1963 года катала туристов по Байкалу. Три раза корабль почти тонул, пять раз садился на мель, но до сих пор двигатель на его борту в рабочем состоянии.

Сейчас старушка на вечном причале в Иркутском море. Так жители Иркутска называют эту часть Ангары, причалена в виде музея. Но выглядит она великолепно, и не скажешь, что ей больше 120 лет.

Что же про море. Ангара вытекает из Байкала, и в результате строительства на

1. причал - berth
2. гидроэлектростанция - hydroelectric power station
3. затопить - flood
4. одуматься - come to your senses
5. надвратная часовня - gate chapel
6. раскалённая смола - hot resin
7. неприятель - enemy
8. бревно (брёвна) - log
9. острог - prison
10. воевода - chieftain
11. казна - treasury
12. государь - sovereign
13. пушнина - fur
14. изразцовая печь - tiled stove
15. купцы - merchants
16. коренное племя - indigenous tribe
17. ясак - tribute paid off in furs
18. соболь - sable
19. шкура - fur
20. бунтовать - rebel
21. аманатная изба - amanat hut
22. заложник - hostage
23. узилище - prison
24. ставни - shutters
25. закрывать наглухо – shut tightly
26. крепостное право - serfdom
27. крестьянская усадьба - peasant estate
28. подсобное помещение - utility room

реке четырех гидроэлектростанций уровень воды в озере поднялся почти на полтора метра. Вдоль реки на этом участке располагалось более 200 деревень, но все они оказались затоплены, а 17 000 их жителей переселили в другие места. Деревянные дома перед затоплением полагалось сжигать. Так бы и пропала в огне и воде все деревянное наследие. Но, к счастью, в какой-то момент люди одумались, и самые ценные экземпляры деревянного зодчества стали разбирать и свозить в одно место. Так вот и появился музей «Тальцы». Самый бесценный его экспонат- это проезжая Спасская башня 1667 года постройки. Над входом располагается надвратная часовня, где в мирное время молились, а в случае подхода врага- готовили раскаленную смолу для полива голов неприятеля.

Мы же с вами можем прикоснуться рукой к старинным брёвнам из 17 века. В Казанской дорожная церковь рядом с башней также относится к тому времени, окошки в церкви слюдяные. В нее могли зайти путники помолиться, не входя внутрь острога, деревянной крепости. Вход туда был открыт не всем. К слову, сам острог — это реконструкция реального острога, находившегося на реке Илим. В то время, помимо Иркутского острога в Сибири было еще два десятка подобных сооружений, и каждым управлял свой воевода. Он был доверенным лицом царя и приезжал на службу из Москвы. Управлял воевода не только острогом, но и всей прилегающей территорией.

В приказной избе стояли три стола, за которыми подчиненные воеводы принимали решения. Здесь же находилась государева казна. В ней хранилось самое ценное- деньги, пушнина, соль и алкоголь. Воевода в прошлом был из бояр, поэтому привык жить в роскоши. Изразцовых печей в Сибири 17 века больше ни у кого не было, да и кошки встречались крайне редко. Их специально завозили в Сибирь, чтобы бороться с мышами. Подобные остроги в Сибири 17 и 19 веков выполняли роль гостиных дворов. Сюда приезжали купцы, жили в них и торговали привезённым добром. Сюда же, в остроги, стекалась и пушнина. Каждый мужчина из местных коренных племен должен был сдать в острог налог- ясак, а это две-три соболиных шкурки в год.

Если племя бунтовало и не желало сдавать ясак, их главу или другого какого важного человека племени сажали в специальную, аманатную избу на территории острога. И пока племя не одумается и не начнет платить налог, заложник оставался в узилище.

С острогом соседствует улица волостного села 19 века. Окошки во всех домах маленькие, на всех обязательные ставенки. Они были изобретены для защиты от ветра и от холода. Не во всех избах были стекла, и в холодное время года ставни закрывали наглухо, проводя всю зиму при свечах. И вот что еще важно- в Сибири крепостного права не было. Сюда приезжали свободные крестьяне, а земли давали столько, сколько они могли обработать. Поэтому крестьянские усадьбы были крепкие, внушительных размеров. На значительной территории располагался жилой дом, с подсобными помещениями, окруженный забором. Семьи были тоже большие: по 8–12 человек, включая детей.

ЗАДАНИЕ 3. Подпишите фотографии.

| соболь | герб | кроссовки | ставни |
| ледокол | брёвна | | |

ЗАДАНИЕ 4. Посмотрите видео. Выберите верный ответ.

А) Байкальский тракт стал асфальтированной дорогой в …

| 1960 году. | 1945 году. | 1953 году. |

Б) Посёлок Листвянка получил своё название из-за …

| наличия лиственниц в этих местах. | названия судоремонтного завода. | Института солнечно-земной физики. |

В) В озеро Байкал впадает …

| около тысячи рек. | около трёхсот рек и ручьёв. | около пятисот рек. |

Г) Солнечный вакуумный телескоп расположен …

| на башне в Листвянке. | в Институте солнечно-земной физики. | в обсерватории Института солнечно-земной физики. |

Продолжаем наш путь к Байкалу. Дорога это называется Байкальский тракт. И это не старинное название, а официальное. Все дороги, выходящие из Иркутска, в разных направлениях, назывались трактами. До 1960 года Байкальский тракт был грунтовой дорогой. Своим же преображением он обязан, представьте себе президенту Америки Эйзенхауэру. По приглашению Никиты Сергеевича Хрущева 34 американский президент собрался посетить места своей молодости, поскольку во время Гражданской войны долгое время пробыл в столице Восточной Сибири, работая в посольстве США. Президент и грунтовая дорога- нет, это было невозможно, и в срочном порядке в течение трех месяцев дорога была приведена в лучший свой вид. И даже особняк построили для приема президента. Жители Иркутской области получили новенькую дорогу, а визит-то не состоялся по причине резко осложнившихся отношений СССР и США.

Листвянка. Она возникла на берегу озера около 300 лет назад. Тогда на Байкале стали развивать судоходство, а значит, и возникла необходимость в судоремонтном деле. С 18 века и до 1919 года в поселке находился таможенный пункт для продавцов из Китая, активно завозивших в Сибирь чай. Что касается названия, то возникло оно от обилия лиственниц, произрастающих в этих краях.

Озеро Байкал можно четырежды назвать самым-самым. Это самое большое озеро с питьевой водой. Оно самое древнее. Самая прозрачная до 40 метров видимость. И самое глубокое: 1637 метров. Объем воды 23 000 кубических километров. Как себе представить эту цифру? Ну вот всем людям нашей планеты хватит этой воды для питья на 40 лет. Впечатляет, верно? Или вот еще: в Байкал впадает около 500 рек, а вытекает одна Ангара. Так вот, если все впадающие реки остановить, то вода из озера через Ангару будет вытекать 400 лет. Но так оно и заполнялось, по подсчетам ученых, в течение 25 миллионов лет.

> Ли́ственница (лат. Lárix) — род древесных растений семейства **Сосновые**, одна из наиболее распространённых пород хвойных деревьев в мире. Самое распространённое дерево в России. Хвоя лиственницы ежегодно опадает на зиму, т.е. она не относится к вечнозелёным хвойным деревьям.

Автомобильной дороги вокруг Байкала не существует. Но его можно обойти пешком. Да всего каких-то около 2000 километров. Байкал - холодное озеро. Даже летом оно не прогревается до комфортной для купания температуры, купания человеков. А вот нерпа чувствует себя здесь очень комфортно. Байкальская нерпа - подвид тюленя, единственное млекопитающее озера Байкал. И ученые до сих пор спорят, как она попала в замкнутый водоем в центре континента. Но, так или иначе, нерпы здесь много. Называют цифру порядка 120 000 особей.

Это животное достаточно осторожное, людей к себе не подпускает. Познакомиться с ним поближе и полюбоваться дружелюбными усатыми мордами можно лишь в местном нерпинарии. Считается, что у байкальской нерпы самые большие глаза. Это связано с тем, что ныряют нерпы в 200-метровые глубины, где царит вечная темнота. А еще у них больше других развиты когти, ведь им всю зиму приходится разбивать когтями лед, потому что каждые 20 минут животное всплывает на поверхность, чтобы сделать вдох.

В выходные иркутяне отправляются в Листвянку погулять по берегу моря, поесть свежей рыбки в ресторанах или на рынке. Школьники и туристы посещают обсерваторию Института солнечно-земной физики, где находится башня для телескопов, в которой при хорошей погоде можно увидеть Солнце и Луну, планеты, двойные рассеянные звезды, шаровые звездные скопления, галактики, туманности, кометы, астероиды - в общем, все, что захотите. Но когда небо затянуто, можно просто руками покрутить купол, открывать его и закрывать, как сейчас - ничего же не видно, а дети-то все равно смотрят. Вообще, как известно, астрономия — это единственная профессия, в которой, когда крыша едет, это нормально.

Если с погодой совсем никак, даже большие ученые считают, что нужно прибегнуть к потусторонним силам. Следует побубнить на хорошую погоду.

- Может, сработает.

Над дверью Нильса Бора висела подбитая подкова. Как-то его спросили: «Неужели вы, большой ученый физик, верите в то, что подкова приносит счастье?» На что нобелевский лауреат ответил: «Да, конечно, не верю. Но мне говорили она приносит счастье, независимо от того, верю я или нет».

В этой обсерватории расположен большой солнечный вакуумный телескоп и крупнейший в мире действующий линзовый солнечный телескоп. В России он внесен в список уникальных инструментов. Сейчас на нем ведется несколько программ. Длина трубы телескопа 40 метров, но окуляра на нём нет. Расположенное внутри плоское зеркало следит за солнцем.

Мы же предпочли проследить за закатом солнца со смотровой площадки «камень Черского», названный в честь Ивана Черского, исследователя природы Байкала. Площадка расположена на высоте более 700 метров. Подняться туда можно на канатной дороге. Оттуда открывается великолепный вид на исток Ангары и, возможно, если повезет с погодой, можно увидеть легендарный шаман-камень.

ЗАДАНИЕ 5. Какие из этих деревьев растут в вашем регионе?

ЗАДАНИЕ 6. Посмотрите видео «Как выглядит Байкал без воды». Соедините слова из текста.

1.	водная	a.	перехватило
2.	пресное	b.	фотография
3.	дыхание	c.	жемчужина
4.	земная	d.	впечатление
5.	интерактивная	e.	озеро
6.	сильное	f.	умельцев
7.	творение	g.	модель
8.	потрясающая	h.	кора

Величайшая водная жемчужина России Байкал известна во всем мире. Это самая глубокая пресное озеро на планете, которое по счастливой случайности находится в Восточной Сибири. Что таит оно в своих безднах, блуждает множество гипотез, но не менее интересно, как выглядит удивительное озеро внутри, если представить его без воды.

У каждого, кто смог бы увидеть Байкал с берега, в таком виде, перехватило бы дыхание от невероятной высоты обрыва, уходящего в бездну. Ведь его максимальная глубина достигает 1642 метров. Дно водной артерии проходит по месту расхождения двух массивных участков земной коры, что создает столь грандиозную глубину. От массивной Евразийской плиты, к которой принадлежит Западный берег, постепенно отодвигается более мелкая амурская плита, включающая восточный берег. Дрейфует последняя в сторону юга и юго-востока, еще больше раздвигая дно. По крупной зоне впадин идут более мелкие разломы, создающие глубоководные участки и пару подводных хребтов - Академический и Селенгинский, с глубоководным котловинами между ними. Сначала основу озера составляла та часть, которая ныне находится к югу от полуострова Святой Нос. Позднее в результате растяжения земной коры и раздвижения плит образовалась Северная котловина. Это было определено учеными по анализу донных отложений.

Специалисты из Лимнологического института СО (***Сибирского отделения***) РАН в содружестве с зарубежными коллегами с 1999 года начали исследовать дно Байкала сейсмоакустическими приборами и создавать 3D карту. В содружестве работают гидрографы, гидрофизики и геологи. Но дело — это очень дорогостоящее и требующее уникального оборудования, поэтому полной интерактивной модели пока нет. Но есть удивительный макет озера, позволяющий хоть отчасти пережить ощущение бездомности Байкала. Он сотворен руками умельцев с серьезными компьютерными и техническими знаниями. В специальной программе созданы несколько контуров по реальной карте глубин озера с учетом всех неровностей. Далее из березовой фанеры лазером вырезаны, и склеены объемные слои изображения. Созданный потрясающий внешний эффект глубины завораживает своей реальностью. Водная поверхность исчезает, проявляя подводный мир каналов, обрывов и горных пейзажей. Потрясающая фотография стала известна благодаря жительнице Улан-Удэ Сандид Раднабазаровой, которая выставила ее на своей странице в социальной сети. Завораживающее. «Вот, как выглядит Байкал, если выпить всю воду!» - написала она в комментариях к снимку. Кто сотворил такие кадры, она не рассказала, лишь добавила, что снимок из недр Интернета. За сутки фотографии макета поделились во многих странах мира. При подготовке материала мне удалось выяснить, что этот макет изготовила молодая компания из Владивостока Woodenmap.

Они создают объемный батиметрические карты из дерева, и некоторые их работы действительно впечатляют. Ученые рассказали, что творение умельцев явно создано по реальным глубоководным картам и производит сильное впечатление. И пусть даже Байкал не является тем озером, которому давали 25-30 миллионов лет, от этого он не становится менее величественным и прекрасным. Зато в нем зарезервировано не менее 20% всей пресной воды на Земле. Умельцы, создавшие потрясающий образ Байкала, сумели воплотить в работе всё величие и уникальность озера. И это почувствовал каждый, кто с восхищением рассматривал удивительный снимок и поделился им с другими людьми.

ЗАДАНИЕ 6. Посмотрите первую часть интервью. Ответьте на вопросы.

 В чём уникальность Байкала по мнению доктора биологических наук?

 Почему Максим Тимофеев называет Байкал «научным Эльдорадо»? Почему ведущий называет Байкал «жидкими тропиками»?

 Для чего бурят осадки Байкала?

 В чём уникальность Байкала по сравнению с другими озёрами?

- Итак, друзья, кто не привык, это Дмитрий Ицкович, по-прежнему...

- Это Анатолий Кузичев. Как всегда.

- Да. Спасибо. И сегодня мы беседуем с Максимом Анатольевичем Тимофеевым, доктором биологических наук, директором АНО...

- Автономной некоммерческой организации

-...Байкальский исследовательский центр, заведующий лабораторией «Проблемы адаптации биосистем» в структуре НИИ биологии при ИГУ...

- Иркутского государственном университете

- Доцент кафедры гидробиологии и зоологии беспозвоночных биолого-почвенного факультета Иркутского госуниверситета.

- Ну, про Байкал знаем там: запасы пресной воды, проблемы с этим, с комбинатом целлюлозным. Ну, какая-то такая вещь.... А в чем, собственно, история и уникальность, уникальность объекта как биологического?

- Байкал то с точки зрения науки он это настолько уникальный объект, что ученые, которые непосредственно работают там, они очень часто не хотят никуда уезжать, потому что это как, вот, знаете, попасть в научное Эльдорадо, потому что Байкал, помимо того, что он просто очень большой, это вы знаете, наверное, что это самое глубокое озеро на планете пресноводное.

- Какая глубина?

- По последним... они сейчас ныряли- вроде как 1642 метра, они насчитали. Это еще очень древнее озеро, это самое древнее озеро, это более 30, около 30 миллионов лет. То есть если мы сравним любое другое озеро, там примерно озеро живет здесь 10- 15 тысяч лет, потом оно зарастает, заиливается и исчезает. Байкал он не исчезает, он, наоборот, постоянно растет. И вот эти 30 миллионов лет он постоянно растет со скоростью примерно 11 метров в год...

- и сейчас растет?

- Да, это есть гипотеза, что это зарождающийся океан. То есть то, что это очень большая скорость, это 11 метров в год, да? Ну, так условно, и Байкале...

- А в какую сторону он растет?

- В ширину. То есть риф того озера — это раскол в земной коре. И вот тогда, просто расширяя там несколько озер, этот байкальский сильно расширяется, расширяется, и благодаря этому он столько лет живет. То есть он не заиливается. Байкал сам по себе 1600 с копейками метров, а на дне Байкала еще шесть или семь километров осаждения- осадков.

- Шесть или семь километров?

- Километров, да. И вот сейчас проект, например, «Байкал бурение».

Они бурят, дрелят, бурят вот эту вот осадки. И каждый миллиметр это дает нам несколько столетий. И можно проследить, в том числе развитие континентального климата в вопросах глобального потепления за последние миллионы лет. Причем континентальный климат можно посмотреть только там. Ну, знаете, в Антарктиде, например, тоже бурят, но там смотрят Арктику, антарктический... все эти морские. И в Байкале, вот почему его называют еще таким объектом притяжения биологов,- очень развитая фауна. В одном озере на данный момент насчитали уже порядка 2600, там каждый день новые открываются виды, организмов.

- Это много или мало?

- Это очень много.

- Это больше, чем..., это больше, чем Москва-реки? Нет, ну мы же не знаем.- Проходил недавно, я там видел, там такая полу дохлая рыба какая-то плыла.

- А эти организмы- это рыбки или это разные организмы?

- Разные. Это вот если, например, сразу сравнивать с самым большим европейским Ладожским озером, да. Там порядка 800 видов обитает, если сравнивать с Каспием, там 1800 видов. То есть Каспийское море — это все-таки огромный водоем. А в Байкале 2000, 2600. И считается, что таксономисты, то есть люди, которые занимаются описанием видов, нахождением, они считают, что это примерно четверть того, что на самом деле открыто, потому что изучен только вот латеральный слой, более или менее…

- Латеральный?

- То есть это верхние слои. То есть до 20-30 метров.

- Ну, в эти виды там, бактерии входят или что?

- Нет, имеется в виду, конечно, начиная от инфузорий, сложные организмы, такие самые сложные из самых простых. Потом ракообразные разные, и рыбы, нерпа байкальская — единственные пресноводные, изначально пресноводные виды нерпы, тоже в Ладоге обитает кольчатая нерпа, но это нерпа, которая осталась еще с Балтики, пришла, когда они соединились. Сейчас это подвид. А в Байкале есть своя байкальская нерпа. Это эндемичный вид, который в Байкале уже уникальный. Больше таких нет. Но не в этом дело. Дело в том, что вот это разнообразие видов, оно опять же- уникальная особенность Байкала, о которой мало кто знает из специалистов, в том, что в Байкале очень много кислорода.

И этот кислород, он распространен от самой поверхности воды до максимальных глубин, то 1642 метров. Такого в природе больше нет нигде, потому что в большинстве водоемов зоны кислорода, она ограничивается метров 100-200. Сопоставимым по возрасту Байкалу. Есть озеро-близнец Танганьика в Африке. Там 100 метров кислорода. Дальше идет сероводород.

- А почему близнец?

- Потому что такое же древнее, по размерам похожее, тоже рифтовое и такое же большое и такое же большое. Оно, даже если вы положите рядом, они очень похожие друг на дружку. По форме… и по форме, и по содержанию. Оно не такое глубокое. Сопоставимо с Байкалом — это Великие американские озера тоже. В Байкале 23 000 кубических километров воды. Это столько же в Балтике, Балтийском море и столько же во всех американских озерах вместе взятых. Но опять же, если мы так на такие цифры переходим, в Байкале это вода, что называется, готовая к употреблению. Вы можете подойти, набрать ведро воды, отфильтровать всяких рачков и пить ее, но только не в великих американских озерах, вы так воду пить не сможете, потому что она не очень чистая.

- А почему она не чистая? Из-за кислорода?

- Из-за кислорода, из-за особенностей, из-за системы самоочищения воды...

- А что эта система самоочищения?

- ...Низкой минерализации, все опадает и все перерабатывается организмами.

- А вот в Танганьике?

- Там только 100 метров кислорода, там, начиная со 100 метров уже сероводородная зона, там никто не живет, там живут одни бактерии, там мертвая зона. И если мы вернемся к этой особенности Байкала, то есть в Байкале мы увидим организмы, которые обитают в самой верхней точке, до самой нижней точки. И это единственное место на земле, где есть глубоководная пресноводная фауна со всеми вытекающими для этого адаптациями и вопросами научными.

— Это и есть главная точка притяжения биологов?

- Нет, главная точка притяжения биологов — это большое видовое разнообразие, которое обитает по всей ... интерес биологов: во-первых, это главный интерес, который преследует исследователей Байкала, это вопросы эволюции. Каким образом в одном водоеме образовалось такое огромное количество видов? То есть, вот я знаю, у вас были коллеги из МГУ, которые рассказывали, что как бы источник мирового биоразнообразие- это тропики, наземного, а Байкал называют «пресноводные тропики» земли, то есть ...

- «Жидкие» тропики.

- Да, да, да. Огромное количество видов, огромное количество видов. И это позволяет исследовать вопросы, например, эволюции. Почему, например, в Байкале живет 2,5 тыс видов, а рядом мы отходим на один километр, там живут пять видов организмов? Как так получилось?

- Где пять видов живёт?

- А вот какое-нибудь озеро рядом с Байкалом. Там есть озера, в которых мы ловим фауну, сравниваем просто по некоторым там...

- Пять видов совсем мало.

- Ну, там, ну, 25 — это ...

- А есть ответ на этот вопрос?

- Нет, ответа на этот вопрос нет. Это вопрос движущих основ эволюции. Что движет эволюцией? Как так получается, что виды не останавливаются? То есть природа не останавливается в своем развитии. Все новые и новые формы создаются, виды появляются, которые занимают новые ниши. Это вот главный вопрос, который исследует огромное количество специалистов, работает в этой области. И интересно еще, что в Байкале это уже приближается к тому, чем мы занимаемся и почему мы занимаемся на Байкале. В том, что вот эти виды тоже эволюционировали Байкале неравномерно.

В Байкале есть группы, которые получили просто взрывной вид образования, образовывали такие букеты или пучки видов. То есть, например, вот, например, наш объект исследования – «байкальские рачки амфиподы- это такие пресноводные креветки. Ну и кто рыбалкой занимается, знает – мормыш в озерах, вот этих Байкале их 350 видов, 350 видов в одном озере. Если мы сравним количество видов, которые обитают во всей Евразии пресноводных, имеется в виду их будет 200 видов. То есть в Байкале обитает больше видов, чем обитает на всей Евразии.

- Они пересекаются, эти виды?

- Что значит пересекаются?

- Такие же виды, как и...

— Все это эндемичные виды.

- То есть их больше нигде нет.

- Всего один вид попадается, который не эндемичный. Мы с ним тоже работаем. И есть другие группы. Есть группы, например гастроподы, там их 250 видов. Ну, так примерно говорю...

- А гастроподы это...?

— Это улитки, улитки, там плоские черви, их 180 видов и так далее. И при этом одновременно есть группы, которые организовали букет видов. Вот типа амфипод, и есть близко родственные к ним группы изоподы.

То есть амфиподы это разноногие раки, изоподы- это равноногие раки. Их всего шесть видов. Они почему-то не захотели идти по пути ускоренного видообразования и эволюции. Это очень большой вопрос, почему так получилось. Ответа на него нет, потому что они обитают рядом изначально. И вот наличие вот этих вот букетов видов, оно позволяет, уже возвращаясь к тому, чем мы конкретно занимаемся, проследить, как вид, обитающий на урезе воды, например, в зоне наибольшего колебания условий, отличается от вида, обитающего на максимальной глубине, где условия все время постоянные. Мы можем выбрать, потому что каждый вид обитает в своей собственной экологической нише, занимают определенную зону. И вот по градиенту условий среды, из латераля в глубину батиаля и виды, соответственно, когда они эволюционировали, из латераль в глубину, уходили, заселяли, они менялись и адаптировались постепенно. И мы можем на группе близкородственных видов посмотреть, как шла эволюция каких-то механизмов адаптации, например, к стрессам, факторам, которыми мы занимаемся.

ЗАДАНИЕ 6. Посмотрите интервью ещё раз. Заполните таблицу.

1) Глубина Байкала	
2) Возраст Байкала	
3) Ежегодная скорость роста озера	
4) Толщина осадков на дне Байкала	
5) Количество живых организмов в Байкале	
6) Особенности содержания кислорода в озере	
7) Озеро-близнец Байкала	
8) Вода в Байкале	

ЗАДАНИЕ 7. Посмотрите видео. Что нового Вы узнали?

- А что такое стрессовые факторы?

- Ну, это фактор, который окажет негативное влияние на организм.

- Любой фактор, оказывающий негативное влияние на организм, называется стрессовым?

- Да, организм, он живет в определенном диапазоне условий. И когда этот диапазон условий смещается… например, он живет в байкальской чистой воде, а мы туда выльем ведро отходов. Ну, будет у него интоксикация. То есть стресс, стресс — это реакция организма на воздействие, негативное воздействие негативного фактора. И это принципиальный вопрос, потому что все механизмы, основные механизмы стрессовой устойчивости, будь то у человека, будь то у мушки дрозофилы, будь то у рачка амфипода, они на уровне клеток, на уровне молекулярных механизмов примерно действуют на одном и том же принципе. И изучать эти механизмы - это то же самое, что в принципе изучать стрессоустойчивость человека по большому счету, только мы можем, извините, взять тысячу рачков, разобрать их на запчасти и посмотреть, как у них это работает. А человека мы, в общем, взять не можем разобрать. Кроме того, мы можем их запихать в разные условия такие там, где погорячее, где холоднее.

Вообще я эколог. Изначально я занимался поведением и диссертацию кандидатскую писал по поведению. И постепенно у меня начали возникать вопросы «а как вот после поведения, когда на организм влияем, каким негативным фактором он пытается убежать, а если он не убегает, что происходит дальше?» Он пытается как-то там применить физиологически… я начал заниматься физиологией, потому что про эволюцию все знают, все специалисты, это всем известно. А вот в области физиологических исследований практически на Байкале, в общем, это не такая, что называется, раскрученная область, а она дает большие перспективы. Потому что, например, что я говорил, в Байкале много кислорода, все говорят «ну, хорошо», многие «это хорошо». А кто скажет это хорошо, что кислород, вообще кислород это такая… обоюдоострое оружие…

- Вода чистая, пить можно.

- Да, да. А кто сказал, что вода чистая- это хорошо? В дистиллированной… Байкальская вода по составу приближена к дистиллированной, а в дистиллированной воде организмы живут довольно туго. Вообще у нас жизнь сформировалась в морской воде, потом с трудом перебралась в пресную воду.

И чем ниже минерализация, тем больше возникает проблем у организма. Надо бороться с тем, чтобы вода не поступала, баланс солей выдерживать. И так далее. И то же самое с кислородом. Кислород самый, на мой взгляд, интересная и мало кому известная тема на Байкале, потому что кислорода в Байкале почти 100%, а кислород…

- Кислорода 100%?

- Растворенного, всегда растворяется за счет низкой минерализации, за счёт низких температур. Молекулярного кислорода очень много, еще больше, чем, например, 100%. Если мы в Москва реке, насытим ее до 100% при 20 градусов. И сравним, сколько молекулярного кислорода в Байкале при четыре градусах и при 20 в Москве реке. Плюс там органики в Москве много и минерализация там, я думаю, высокая. А в Байкале дистиллированная вода, в Байкале на порядки будет больше кислорода. А кислород… есть такой кислородный парадокс: все живые аэробные организмы не могут жить без кислорода, но сам по себе кислород для них токсичен. Он это сильнейший окислитель. И в процессе метаболизма кислорода, когда мы дышим, мы используем, примерно 3-4% использования кислорода, оно уходит на окисление тканей организма, и организм с этим борется. Борется путем антиоксидантной системы. Может быть, вы все слышали, реклама чая с антиоксидантами. В общем, антиоксиданты есть у всех. И у нас есть, и в чае. Иначе мы дышать бы не могли. Только у анаэробов нет. И еще вот этот процесс окисления кислородом внутри организма называется окислительный стресс. Окислительный стресс - это универсальный поражающий фактор любых патологий, любых заболеваний, будь то там перегрев, будь то интоксикация, будь то старение. Есть гипотеза того, что старение - это просто разбалансировка антиоксидантной системы организма, и значит, нарастают эти процессы, и организм просто сгорает, от кислорода. А в Байкале...

- В Байкале очень много кислорода...

- А в Байкале очень много кислорода. И организмы в этом живут, если мы возьмем не байкальский организм...

- То есть это уникальная среда.

- У них есть механизмы адаптации к большому количеству кислорода. Если мы эти механизмы найдем, это будет ключ к разгадке. Ну, не прямой ключ, но подсказка к разгадке многих вопросов в области медицины, геронтологии. А еще самое интересное, что он, кислород, находится на самой большой глубине под большим давлением. Если вы имеете отношение, например, к дайвингу, вы знаете, что или не имеете, но я вам скажу, что дайверы, когда они глубоководные, они снижают содержание кислорода в баллонах, чтобы не было окислительного повреждения. Потому что токсичность кислорода под высоким давлением возрастает в несколько раз. А у нас кислород есть на глубине полтора километра. И никто никогда не задавался вопросом «а как вообще там организм»? И там огромное количество, организм, там сотни организмов, которые там живут, как они с этим борются?

- У вас есть ответ уже?

- Нет, мы как раз только поставили этот вопрос.

- Я придумал рекламный слоган для Байкала: «Насыщено кислородом. Искупайся в Байкале, постарей на 10 лет».

ЗАДАНИЕ 8. Подготовьте презентацию о самом большом озере вашего региона.

Климат
CHAPTER 6

ЗАДАНИЕ 1. Посмотрите видео. Выберите верный ответ.

А) Какие факторы влияли на изменение климата Земли в течение ее истории?

Исключительно тектонические процессы	Только изменение концентрации углекислого газа в атмосфере	Тектонические процессы, изменение концентрации углекислого газа в атмосфере, вулканическая активность

Б) Когда началась атлантическая эпоха?

Приблизительно 6000 лет назад	Приблизительно 14 тысяч лет назад	Приблизительно 110 тысяч лет назад

В) Какие изменения произошли в климате во время атлантической эпохи?

| Климат стал прохладным и сухим | Климат стал более тёплым и влажным | Климат стал жарким и сухим |

Г) Какие исторические данные подтверждают рост средней глобальной температуры планеты?

| Автор утверждает, что средняя глобальная температура планеты росла только в последние 30 лет. | Автор утверждает, что средняя глобальная температура планеты росла с конца 19 века, а также в середине 20 века и в последние 30 лет. | Автор утверждает, что средняя глобальная температура планеты не росла ни разу. |

Д) Какова основная причина повышения уровня Мирового океана?

| Уровень Мирового океана поднимается из-за снижения концентрации углекислого газа в атмосфере. | Уровень Мирового океана поднимается из-за расширения воды из-за повышения ее температуры. | Уровень Мирового океана поднимается из-за уменьшения количества льда на Земле. |

Е) Какова основная проблема, связанная с изменением климата?

| Основная проблема- это естественные климатические изменения, которые неизбежны и не поддаются контролю. | Основная проблема- это антропогенное воздействие на климат, включая вырубку лесов, индустриальную деятельность и другие антропогенные факторы. | Основная проблема- это изменение земной орбиты и расстояния между Землей и Солнцем. |

Геологический возраст нашей планеты составляет приблизительно 4,5 миллиарда лет, и за этот период Земля кардинально изменилась. Дело в том, что состав атмосферы, масса самой Земли, а также ее климат постоянно менялся. Не всегда Земля была такой, какой мы видим ее сейчас, потому что на протяжении всего времени существования Земли тектонические плиты сталкивались, образуя все новые горные системы, и на постепенно остывающей планете образовывались моря и океаны. Кроме того, появлялись и пропадали материки, менялись их очертания, размеры. Земля постепенно стала медленнее вращаться, и в конечном итоге на ней появилась жизнь. И на фоне всех этих изменений за прошедшие миллиарды лет на планете произошли кардинальные перемены во влагообороте, а также теплообороте и атмосферном составе планеты. Поэтому изменение климата происходило на всем протяжении существования Земли.

1. **геологический возраст** - Geological age
2. **кардинально** - radically
3. **на протяжении всего времени существования Земли** - throughout the existence of the Earth
4. **тектонические плиты** - tectonic plates
5. **очертания** - outlines
6. **произошли кардинальные перемены во влагообороте** - there have been dramatic changes in moisture circulation
7. **Голоцен** - Holocene
8. **Кайнозойская эра** - Cenozoic era
9. **Северное полушарие** - North hemisphere
10. **ледниковый покров** – ice cover
11. **берёзовый лес** - birch forest
12. **хвойный лес** - coniferous forest
13. **обзавестись** - acquire

Но начнем мы, пожалуй, с эпохи Голоцен. Эпоха Голоцен - это часть четвертичного периода кайнозойской эры. Другими словами, это эпоха, которая началась приблизительно 12 тыс лет назад и продолжается по настоящий момент. И его начало ознаменуется с окончанием ледникового периода, после которого изменение климата шло в сторону глобального потепления.

Как правило, эту эпоху часто называют межледниковой, так как за всю климатическую историю планеты было уже несколько таких ледниковых периодов. Например, последнее глобальное похолодание наступило приблизительно 110 тыс лет назад, а около 14 тыс лет назад началось потепление, которое постепенно охватило всю планету. Все ледники, которые покрывали на тот момент большую часть Северного полушария, начали активно таять и разрушаться. Но, естественно, не в одночасье и в течение очень долгого периода планету сотрясали сильные температурные колебания. Ледники то таяли, то отступали вновь. И все эти изменения влияли на уровень Мирового океана. Поэтому во время многочисленных исследований ученые решили разделить Голоцен на несколько временных периодов в зависимости от самого земного климата. Приблизительно 12 тыс лет назад сошли ледниковые покровы, и наступило послеледниковье. В Европе стала полностью исчезать тундра, и ее сменили березовые таежные леса. И это время принято называть арктическим и субарктическим периодом. Ну а затем последовала бореальная эпоха. Тайга начала оттеснять тундру все дальше на север, а в Южной Европе появились широколиственные леса. И в это время климат был преимущественно прохладным и сухим.

А уже приблизительно 6000 лет назад началась атлантическая эпоха, во время которой воздух стал теплым и влажным, намного теплее современного. И этот период времени считается климатически благоприятным временем всего Голоцена. Например, половина территории Исландии была покрыта березовыми лесами, а Европа получила разнообразие теплолюбивых растений. Но в то же время протяженность умеренных лесов была значительно дальше к северу, а на берегах Баренцева моря росли темно хвойные леса, а тайга достигла мыса Челюскин. Но на месте современной Сахары была саванна, а уровень воды в озере Чад был выше современного на 40 метров. Но затем снова произошло изменение климата, то есть наступило похолодание, которое длилось примерно 2000 лет, и этот период времени называют суббореальным. Именно в это время горные массивы на Аляске, Исландии, а также в Альпах обзавелись ледниками. И приблизительно 2,5 тыс лет назад начался последний период современного Голоцена, который назывался Субатлантический. Климат этой эпохи стал более прохладным и влажным, потому что начали появляться торфяные болота, а тундра стала постепенно наседать на леса, а леса - на степи. Поэтому приблизительно с 14 века началось похолодание климата, которое привело к малому ледникового периоду, который продлился до середины 19 века, и в это время фиксировались нашествия ледников в горных массивах Северной Европы, а также в Исландии, Аляске и Андах.

Но стоит отметить то, что в разных точках земного шара климат изменялся не синхронно, и поэтому причины наступления малого ледникового периода до сих пор остаются неизвестными. По предположениям ученых, климат мог меняться из-за увеличения извержения вулканов и уменьшения концентрации углекислого газа в атмосфере. А начальным этапом профессионального метеонаблюдения можно назвать лишь конец 18 века. Именно тогда появились первые метеостанции, и именно с того времени ведутся постоянные наблюдения за климатическими колебаниями. Поэтому можно достоверно утверждать, что потепление, которое началось после малого ледникового периода, продолжается и по настоящий момент.

Например, с конца 19 века фиксируется рост средней глобальной температуры планеты, а в середине 20 века было небольшое похолодание, которое не повлияло на климат в целом. А с середины 70-х годов снова стало теплее. По подсчетам многих ученых, за последние 100-е глобальная температура Земли выросла на несколько градусов, а наибольший рост этого показателя зафиксирован в последние 30 лет. Поэтому изменение климата неизменно сказывается на состоянии Мирового океана, а повышение глобальной температуры ведет к расширению воды, а значит, и к повышению ее уровня. Кроме того, также идут изменения в распределении осадков, что, в свою очередь, может влиять на столько рек и ледников.

Поэтому, по данным наблюдений, уровень Мирового океана за прошедшие 100 лет вырос примерно на пять сантиметров. А само потепление климата ученые связывают с увеличением концентрации углекислого газа и значительным усилением парникового эффекта. Однако существует так называемый климато-образующие факторы. Например, ученые провели множество археологических исследований и пришли к выводу, что климат планеты не раз резко менялся. Поэтому было выдвинуто множество гипотез на этот счет. Согласно одному из мнений, если расстояние между Землей и Солнцем останется прежним, так же, как скорость вращения планеты и угол наклона ее оси, то климат будет оставаться стабильным. Однако ученые также выдвинули внешние факторы изменения климата. Во-первых, изменение излучения Солнца ведет к трансформации потоков солнечной радиации. Во-вторых, движение тектонических плит влияет на географию суши, а также уровень океана и его циркуляцию. В-третьих, влияет изменение газового состава атмосферы, в частности концентрации метана и углекислого газа. Ну и, в-четвертых, имеют влияние земные космические катастрофы. Однако сразу возникает вопрос: как же все-таки деятельность человека влияет на климат? Дело в том, что причины изменения климата связаны в том числе и с тем, что человечество на всем протяжении своего существования агрессивно вмешивалось в природу.

Например, вырубка лесных массивов, распашка земель и мелиорация земли приводят к преобразованиям влажносто-ветрового режима, когда люди вносят изменения в окружающую природу, осушая болота, создавая искусственные водоемы, вырубая леса и высаживая новые, а также строя города в пустынях, то они не задумываются, как они изменяют микроклимат. Например, лес очень сильно влияет на ветровой режим, от которого зависит то, как ляжет снежный покров и насколько промерзнет почва зимой. Зеленые насаждения в городах уменьшают влияние солнечной радиации, но увеличивают влажность воздуха и сокращают разницу температур в дневное и вечернее время, а также уменьшают запылённость воздуха. А если люди вырубают леса на возвышенностях, то в дальнейшем это приводит к смыву почвы. Кроме того, уменьшение количества деревьев снижает глобальную температуру, что прямым образом увеличивает концентрации в воздухе углекислого газа, который не только не поглощается деревьями, но еще и дополнительно выделяется при разложении древесины. И все это компенсирует понижение глобальной температуры и ведет к ее увеличению.

1. **стоит отметить** - it is worth noting
2. **извержение вулканов** - volcanic eruption
3. **синхронно** - synchronously
4. **колебания** - fluctuations
5. **можно достоверно утверждать** - can be reliably stated
6. **распределение осадков** - precipitation distribution
7. **ось** - axis
8. **вырубать леса** - cut down forests
9. **разложение древисины** - wood decomposition
10. **закись азота** - nitrous oxide
11. **метан** - methane
12. **тропосферный озон** - tropospheric ozone
13. **повсеместно** - everywhere
14. **выхлопы** - exhausts

Ну а теперь давайте коснемся промышленности. Люди увеличили концентрацию в воздухе таких веществ, как углекислый газ, закиси азота, метана и тропосферный озон.

И все это в конечном итоге приведет к усилению парникового эффекта, и последствия будут самыми необратимыми. Ежедневно промышленные предприятия выбрасывают в воздух множество опасных газов, и на фоне всего этого повсеместно используется транспорт, загрязняющий нашу атмосферу своими самыми вредными выхлопами. Потому что многие государства банально экономят деньги на дешевом транспорте.

Более того, множество углекислого газа образуется при сжигании нефти и угля. И опять же все напрямую связано с экономией средств. Более того, даже сельское хозяйство наносит немалый ущерб нашей атмосфере. Приблизительно 14% всех выбросов парниковых газов приходится как раз на эту сферу. Но, как бы парадоксально ни звучало, такие вещи, как вспашка полей, сожжение отходов и выжигание саванны, как раз приводит к нарушению микроклимата. Дело в том, что парниковый эффект помогает поддерживать на планете температурный баланс. Но деятельность человечества усиливает этот эффект в разы, и это может привести к потенциальной катастрофе. И главная проблема изменения климата — это антропогенное деятельность. Нельзя достоверно сказать, насколько серьезна эта ситуация, но есть множество причин для серьезного беспокойства.

Например, нам придется перерисовывать карту мира. Дело в том, что, если растают вечные ледники Арктики и Антарктиды, составляющие приблизительно 2% мировых запасов воды, уровень океана поднимется на 150 метров.

Кроме того, пострадает множество прибрежных городов, и ряд островных государств полностью исчезнет. Более того, также есть угроза глобальной нехватки продовольствия, потому что уже сейчас население планеты составляет свыше 7,5 миллиардов людей, а в ближайшие 50 лет ожидается, что население планеты станет больше еще на 2 миллиарда. То есть при настоящей тенденции к увеличению продолжительности жизни и снижению младенческой смертности в 2050 году пищи будет требоваться на 70% больше нынешних цифр. А к тому времени множество регионов может оказаться затопленными, потому что повышение температуры превратит часть равнины в пустыню. Кроме того, зерновые культуры окажутся в опасности, а таяние Арктики, Антарктиды приведет к глобальным выбросам углекислого газа и метана. Потому что не стоит забывать, что под вечными льдами находится огромнейшее количество парниковых газов. Но, поверьте, это еще цветочки. При любом раскладе наступит окисление океана. Примерно треть двуокиси углерода оседает сейчас в океане. Но перенасыщение этим газом приведет к окислению у воды в целом. Уже сейчас из-за промышленной революции вода окислилась на 30%, и в связи с этим наступит массовое вымирание животных видов. Безусловно, вымирание является естественным процессом эволюции.

1. **при любом раскладе** - in any case
2. **окисление океана** - ocean acidification
3. **засуха** - drought
4. **ураган** - hurricane
5. **цунами** - tsunami
6. **опускаться** - descend
7. **дно** - bottom

Но в последнее время вымирает слишком много животных и растений. И причина этого - деятельность человечества. Казалось бы, последствий так уже много, но мы еще не обсудили погодные катаклизмы. Глобальное потепление уже приводит к бедствиям. Засухи, наводнения, ураганы, землетрясения, цунами становятся все чаще и интенсивнее. Сейчас экстремальные погодные условия убивают до 106 тыс людей в год, и эта цифра будет только расти. По крайней мере, это фактическая статистика. Но было бы вроде бы ничего, если бы люди вели себя дружно. Ведь слово война последние 200 лет — это самое обыкновенное явление. Засухи и наводнения превратят целые регионы в непригодные для жизни, а значит, люди будут искать возможность выжить. То есть начнутся войны за ресурсы. Но помимо войн еще изменится течение океана. Основным обогревателями Европы является течение Гольфстрим, которое является теплым и протекает по Атлантическому океану. И уже сейчас это течение опускается ко дну и меняет свое направление. И если этот процесс продолжится, то Европа окажется под слоем снега по всему земному шару наступят большие проблемы с погодой. В данное время изменение климата уже обходится людям в миллиарды долларов.

А самое страшное, что неизвестно, во сколько может вырасти эта цифра, если все будет продолжаться. Поэтому обязательно посади дерево.

ЗАДАНИЕ 2. Послушайте 3 аудио. Заполните таблицу.

Мнение экспертов	
Мнение населения согласно опросу ООН	
Мнение скептиков	

ЗАДАНИЕ 3. Посмотрите видео. Найдите в тексте слова и выражения, соответствующие английским эквивалентам в таблице.

1. thermometer column	
2. catastrophe	
3. severe frosts	
4. record	
5. fresh water shortage	
6. scorching heat	
7. frost	
8. inevitably	
9. hellish heat	

Лето 2003 года. В Лондоне, где температура редко поднимается выше 30 градусов, **столбик термометра** достигает 38, в Париже 42. В Европе умирает на 40 000 человек больше, чем обычно.

Лето 2010. На этот раз погода устанавливает **рекорд** уже в Центральной России. Более миллиона гектаров леса охвачено огнем. Такой адской жары Европа не знала пять столетий, а ученые обещают **испепеляющий зной**, и еще большую засуху.

Если потепление произойдет на шесть градусов, то это, конечно, **катастрофа**.

Среди прогнозов - полные таяния вечной мерзлоты, **дефицит пресной воды** и миграция тропических болезней. Но самое удивительное, что одновременно все громче звучат голоса тех, кто пророчит эпоху вечной зимы. За небывалым зноем обязательно придут **жестокие морозы**.

Снег и **заморозки** в Бразилии, в Аргентине впервые за всю историю человечества.

Так все же какие сюрпризы готовит нам климат: **адский зной** или лютую стужу? И какой из этих вариантов для человечества наиболее фатален? Выжженная солнцем планета, нехватка пресной воды. Плодородные земли превращены в пустыни, миллионы людей умирают от голода. Такой прогноз на ближайшее будущее составила группа климатологов, получивших в 2007 году Нобелевскую премию мира. По их мнению, глобальное потепление **неизбежно**, а главный виновник грядущей катастрофы- обычный углекислый газ.

ЗАДАНИЕ 4. Посмотрите видео. Составьте предложения, которые соответствуют информации, предоставленной в статье.

Глеб Краев считает,	для экологии Земли,	все это источники образования углекислоты.
Автомобили, заводы,	и в пищеварительной системе домашних животных:	а далеко за ее пределами.
Выходит, что коровы приносят больше вреда	следует искать не на Земле,	чем фабрики и заводы.
И причину нестабильности климата	что сельское хозяйство для атмосферы опаснее,	коров, свиней и верблюдов.
Метан образуется и в заболоченных почвах,	фабрики, электростанции —	чем все автомобили вместе взятые.

Автомобили, заводы, фабрики, электростанции — все это источники образования углекислоты. Даже человек выделяет CO_2 при дыхании. Чем же опасна повышенная концентрация этого вещества для климата Земли?

Ответ в простом, но весьма наглядном опыте. Возьмем две колбы. Представим, что это две планеты. В первой мы создадим повышенную концентрацию CO2, а вторую заполним воздухом с обычным содержанием углекислоты. Теперь помещаем наши планеты под лампы. Одновременно следим, как быстро они нагреваются. Уже через несколько секунд видна разница. Колба, наполненная двуокисью углерода, нагревается гораздо быстрее. За несколько минут разница в температуре достигает трёх градусов. Похожий процесс происходит и на нашей планете. Однако списывать глобальное потепление только на CO2 и развитие промышленности и транспорта было бы ошибкой.

Есть и другие парниковые газы, например метан. И его появление может быть не связано с техникой. Метан образуется и в заболоченных почвах, и в пищеварительной системе домашних животных: коров, свиней и верблюдов.

- Поголовье скота, увеличилось в сотни, в тысячи раз по сравнению с тем, что было, когда наша цивилизация была еще очень малочисленна.

Глеб Краев считает, что сельское хозяйство для атмосферы опаснее, чем фабрики и заводы.

- Буренки, домашний скот. Вообще они вносят второй по значимости вклад, если распределить этот первый, второй: 30% это болото, 15% это домашний скот.

Одна корова выделяет в год 60 килограммов метана. Это несколько бытовых газовых баллонов. А на планете сегодня полтора миллиарда буренок. Прибавим сюда еще производство удобрений, транспортировку и переработку мяса. В итоге сельское хозяйство дает треть всех парниковых газов. Выходит, что коровы приносят больше вреда для экологии Земли, чем все автомобили вместе взятые. Но можно ли утверждать, что именно сельское хозяйство стало причиной столь резкого скачка температуры? Единого мнения на этот счет пока нет, как и нет уверенности, что на Земле действительно стало теплее.

Группа российских ученых пытается выяснить, что же на самом деле происходит с земной погодой, изучив климат давно минувших лет. Но дело в том, что метеорологические станции появились недавно. Архивы ведутся всего около 100 лет, и этих вековых данных недостаточно для выявления тенденции, куда движется климат. Но у ученых есть еще один уникальный инструмент - лес. Под корой деревьев хранится многовековой архив погоды. Расшифровать его помогает дендрохронология.

Вместе с климатологами мы отправляемся в подмосковный лес.

- Ну что, хорош... Вот это да, Давайте.

Наша задача узнать, какой была погода в российской столице, когда метеостанций в этих местах не было и в помине.

А обычное дерево это метеоприбор, созданный самой природой. Каждая годичное кольцо- результат деления молодых клеток в период роста. Чем толще годичное кольцо, тем благоприятнее была погода для роста дерева.

- Годичное кольцо состоит из светлого слоя — это ранние древесины и тёмного слоя- это поздняя древесина. Это все сформировалось за год.

Ольга Соломина пытается выяснить, куда движется климат к глобальному потеплению или ледниковом периоду.

- Бывают широкие относительно кольца и бывают узенькие кольца. Это связано в основном с климатическими колебаниями.

Сейчас идет этап сбора образцов. Когда материала будет достаточно, ученые на несколько месяцев закроются в лаборатории, чтобы изучить каждый. Потом все данные сведут в единую систему, и только после этого можно будет делать первые выводы. Причем климатологи учтут не только результаты собственных исследований, но и все имеющиеся на данный момент факты. К примеру, почему с той же периодичностью, что и на Земле, теплеет и холодает на Марсе? Ведь там, как известно, нет ни заводов, ни автомобилей, ни домашнего скота, ни марсиан. А значит, смену климатических эпох не так просто объяснить парниковой теорией. И причину нестабильности климата следует искать не на Земле, а далеко за ее пределами.

ЗАДАНИЕ 5. Посмотрите видео. Заполните таблицу. С кем из экспертов Вы согласны?

Мнение Владимира Кузнецова

Мнение Георгия Голицина

Мнение Виктора Поповнина

Солнце- неиссякаемый источник тепла. Активность звезды то замирает, то возрастает вновь. Это знание дает право ученым предрекать земле очередной ледниковый период.

По Темзе и Дунаю можно кататься на санках. Замерзает Босфор. В Москве заморозки ударяют в июле. По всей Европе всплеск смертности. Все это земля уже видела в середине 17 века. С 1645 по 1715 английский астроном Эдвард Маундер наблюдал на солнечном диске всего 50 темных пятен вместо обычных 50 000.

И именно на это время пришелся пик малого ледникового периода. И, как утверждают астрономы, все это повторится уже через пару десятков лет, когда на Солнце вновь наступит фаза низкой активности.

- Представляете, что, если есть цикл, который имеет период в 100 лет, означает, что 50 лет было понижение, а 50 лет было повышение?

Владимир Кузнецов считает, что землю ждет новый ледниковый период.

- Через 10, 20, 30 лет начнется, наоборот, похолодание. С некоей задержкой начнется уменьшение температуры.

Итак, астрофизики утверждают, что похолодание неминуемо. Но, по мнению скептиков, кратковременные циклы активности звезды для жителей Земли почти незаметны.

- Специальные работы по моделированию были проведены в институте.

Георгий Голицын считает влияние Солнца на климат незначительным.

- И по фактическим данным, и по теоретически моделям. Но это дает изменение температура не больше чем на 0,2 градуса.

0,2 градуса действительно немного. Но что ж, если не солнце влияет на климат больше всего? И к чему нам готовиться? К жестоким морозам или адской жаре? Ответ на этот вопрос пытаются найти российские дендроклиматологи. Они продолжают свое независимое исследование.

- Так, ну вот смотри, наверное, вот эту поперечную, да?

Из-за массовых вырубок в Центральной России почти не осталось деревьев-долгожителей. Но ученые нашли выход. Они изучают древний строительный материал. Успенский собор Звенигорода построен в 14 веке, колокольня в начале - 19- го. Спилы древесины, взятые в храме, позволят описать погоду тех лет, когда творили Андрей Рублев и Александр Пушкин. Каким же был климат? В помощь ученым приходят литературные произведения великого поэта. У Пушкина много датированных стихов с описанием погоды. Ученые сравнят их с данными годовых колец на спинах. Огорчает дендроклиматологов лишь одно - если климат будет продолжать меняться так же стремительно, то через несколько десятков лет новые поколения россиян не смогут оценить стихи поэта, посвященные величественным снежным вершинам Кавказа, потому что их просто не будет.

- Мы можем ожидать, что на Кавказе опять появится такая ситуация, когда не останется ледников.

Виктор Поповнин опасается, что планета может лишиться своих белых шапок.

- И к этому нужно быть готовым. Другое дело, что это произойдет не завтра, не послезавтра, не через 10 лет. Надеюсь, что не через 100 лет, но это уже будет, в общем-то, в течение ближайших столетий.

ЗАДАНИЕ 6. Посмотрите видео. Заполните таблицу.

Места таяния ледникового покрова	
Прогноз Татьяны Хромовой	
Выводы, сделанные на основе спутниковых снимков	
Примеры, демонстрирующие глобальное потепление	

Две самые высокие точки Африки почти лишились ледникового покрова. Килиманджаро потеряла 82% своей ледяной шапки. Гора Кения - 92% льда, в горах Алтая наиболее любимое туристами оледенение Актру отступило почти на полкилометра. Похожие процессы происходят в Андах, Альпах и на Кавказе. И все это за последние 80 лет.

- Если предположить, что все оледенения Земли растает, то уровень Мирового океана поднимется на 60-70 метров.

Татьяна Хромова в сокращении ледников видит признак глобального потепления.

- Те населенные пункты, которые расположены ниже этого уровня, я имею в виду 60-70 метров, те окажутся под водой.

Анализы спутниковых снимков позволили гляциологам сделать шокирующие выводы. При нынешней скорости сокращения к 2100 году растают все снежные вершины Китая. Под водой окажутся Петербург, Нью-Йорк, Шанхай и большая часть Западной Сибири.

Однако противникам теории потепления не все так очевидно. Чтобы уровень океана поднялся на полсотни метров, должны растаять Антарктида и Гренландия. Средняя температура на Южном полюсе сегодня-25, и даже повышение ее на несколько градусов в глобальном масштабе ничего не изменит. А вот холода, по мнению других ученых, совсем не за горами. Снега и лютые морозы сегодня фиксируют там, где их не было никогда.

— Это снег и заморозки в Бразилии, в Аргентине. Снег в ЮАР в этом году.

Дарья Гущина убеждена, что зимняя одежда человечеству еще пригодится.

- Ну вот за историю… летопись… впервые в Атакаме выпал снег за всю историю человечества, которая подтверждена каким-то документом. Чтобы снег в Южном полушарии выпадал даже зимой, в Бразилии и в ЮАР - этого не было никогда.

Ученые видят причину этого феномена в увеличении числа действующих вулканов. Оказывается, чем чаще случаются извержения, тем холоднее на планете.

ЗАДАНИЕ 7. Посмотрите видео. Найдите следующие цифры в тексте и объясните, что они значат.

1815

500 км
400 000 лет
50–70 километров
0,02 миллиметра
от 1 до 5 метров

1815 год, Индонезия. Земля взорвалась и выбросила в воздух столько пепла, что солнечного света не было в радиусе 500 километров. Это проснулся огнедышащий гигант Вулкан Тамбора. И это он стал причиной того, что следующий, 1816 год вошел в историю планеты как год без лета. В Европе зимний снег сошел в июле, а уже в августе начались заморозки. Температурная аномалия продолжалась несколько лет, пока, наконец, все выбросы Тамборы не осели на Землю. Сегодня ученые пытаются доказать, что извержение Тамбора и ему подобные действительно вызывают похолодание на земле. Для этого им необходимо воссоздать картину вулканической активности за несколько 1000 лет и сравнить с данными по предположительной температуре в этот период. И в этом им помогает лёд.

Иркутск. Лимнологический институт. Здесь изучают ледяные керны Антарктиды - самой древней климатической летописи Земли. Из толщи белого покрова южного материка извлечены стержни льда возрастом 400 000 лет.

- Это приблизительно полторы тысячи лет тому назад выпали осадки в виде снега и были преобразованы в такой снежно жерлоый керн.

Людмила Голобокова пытается выяснить, куда движется климат: к глобальному потеплению или ледниковому периоду.

- Располагался этот фрагмент керна на глубине 48 метров.

Кристаллы льда законсервировали в себе воздух прошлого. Слои льда, как и древесные кольца, несут информацию о природных условиях. По соотношению изотопов кислорода и водорода можно определить температуру доисторического воздуха, а содержащиеся в ледяных кернах сульфаты являются маркерами вулканических извержений.

- Бывают вулканы, которые выбрасывают в атмосферу, в стратосферу пыль, вот эти сульфаты до 50–70 километров вверх.

Тамара Ходжер уверена, что вулканы способны заморозить землю.

- Аэрозольные составляющие этих вулканов способствовали понижению температуры на Земле.

Итак, иркутским ученым удалось доказать связь вулканизма с похолоданием. Однако, по мнению самих же исследователей, не следует и преувеличивать ее значение. Извержение таких вулканов, как Тамбора, происходит раз в несколько тысяч лет. Но в то же время гарантии, что катастрофы не случится завтра, никто дать не может. Экспедиция завершена, отобраны образцы сотен деревьев и строительных материалов. Пришло время изучать и анализировать. Но для начала каждый полученный керн нужно тщательно отполировать.

Владимир Мацковский пытается понять, что грозит человечеству: глобальное потепление или ледниковый период.

- Иногда кольца бывают очень узкими, вплоть до 0,02 миллиметра. Если не отшлифовать до идеального блеска, эти кольца просто не будет видно.

Ученые приступают к анализу рисунков колец. Это самый сложный и ответственный период. Даже одна неправильная интерпретация может сделать ошибочным глобальный вывод. Здесь существует много тонкостей. Например, толщина колец может зависеть не только от температуры. В каждой климатической зоне у растений свои факторы роста. В пустыне при постоянном зное играет роль количество осадков. В условиях тундры осадки выпадают примерно одинаково. И на рост древесины влияет то, насколько промёрз грунт. Причем настолько, что одни виды растений вынуждены уступать место другим.

- Берем старые фотографии 25- летней, 30- летней давности. Мы видим на них тундру. Смотрим на тот же объект, сфотографированный уже сейчас - очень симпатичный лиственничный лесок

Дмитрий Дроздов убежден, что таяние вечной мерзлоты - признак глобального потепления.

- Раз уж вечная мерзлота, которая вечная, отступает на север, значит, происходит что то необратимое.

До недавнего времени мерзлая земля покрывала больше половины территории России. Сегодня же площадь вечной мерзлоты стремительно сокращается. Разрушение мерзлого грунта причина, по которой наша страна ежегодно теряет от 1 до 5 метров своей береговой линии. По совокупности это 500 квадратных километров в год. Для сравнения столько же занимает государство Андорра. И ученые видят в этом еще одно доказательство надвигающегося глобального потепления.

ЗАДАНИЕ 8. Посмотрите видео. Дополните текст.

болезнь	вулканов	ужас	лихорадки
сценарий	опыт	вспышка	мамонта
насекомых	аномальная	исследование	грунт
образцах	почве мерзлоты	предупреждение	влажность

Тающая мерзлота - навязчивый .... сторонников парниковый теории. В мерзлом грунте законсервировано гигантское количество метана, газа, который по своим физическим свойствам активнее углекислоты в 20 раз. Освободившийся метан может просто раскалить и без того теплый воздух. Вот только насколько реален такой .... ?

Российский мерзлотоведы утверждают, что всемирная катастрофа планете не грозит, даже если температура поднимется еще на три градуса, ... протает не больше чем на три метра, а основная толща .... намного ниже- от 25 до 700 метров в глубину.

Наш прогноз такой, что оттает достаточно небольшой слой почвы. Общий объем метана, который при этом выделится, он будет составлять порядка 100 миллиграмм в год. То есть всего выделится 100 миллиграмм в год на квадратный метр, что в целом на порядок, на два меньше, чем продуцируется ежегодно в .... , в тундровой почве.

Но значит ли это, что глобальное потепление не несет Земле других угроз?

Июль 2009-го. Республика Саха. Оттаявшая мерзлота вскрыла останки .... , погибшего 32 000 лет назад. Тело животного прекрасно сохранилось, как и убившая его инфекция сибирской язвы. Лабораторные тесты показали- обнаруженный штамм инфекции чрезвычайно опасен. Выходит, отступающая мерзлота грозит человеку фатальными последствиями.

Клещевой энцефалит сегодня распространен там, где по температурным условиям раньше не встречался. К изумлению ученых, в 2001 году в Якутии была зафиксирована .... брюшного тифа. Это далеко не единственная тропическая .... , которая широкими шагами направляется в северные широты.

- Теплые зимы за прошедшие 10 лет, они сопровождались резким подъемом .... Западного Нила. Это Волгоградская область, была Астраханская область. Но вот 2010- й год уже показал, что и севернее, то есть в Воронежской области…

Борис Ревич винит глобальное потепление в растущей смертности на планете.

- Америка очень обеспокоена, скажем, другой геморрагической лихорадкой, лихорадкой Денге. Занимается и НАСА, и Пентагон. То есть они понимают, что это очень большая проблема. К этой проблеме, конечно, нужно готовиться.

Все перечисленные учеными лихорадки: Западного Нила, Денге - особо опасные инфекции. Их родина - африканские тропики, основные разносчики - особые виды кровососущих .... И появление таких теплолюбивых гостей в не свойственных им широтах многие ученые рассматривают как серьезное .... человечеству. Вечное лето - не за горами.

И все же, является ли распространения инфекционных болезней показателем того, что Земля в скором времени превратится в раскаленный шар? Вряд ли. У этого есть куда более простое объяснение. Человек просто научился быстро перемещаться из одного конца земли в другой, а с ним- и возбудители опасных инфекций.

Тем временем дендроклиматологи продолжают свое независимое ....

- Сейчас я вижу узкое кольцо, находящееся между двумя широкими. Это кольцо отмечено в 1845 годом. Это означает, что в этот год данное дерево испытало какое-то угнетение.

Если и в остальных .... древесины кольца окажутся слишком узкими, ученые смогут утверждать, что в этом году погода в российской столице была крайне неблагоприятной.

- Наши исследования показали, что годичные кольца в данном регионе, в общем-то, не реагируют на температуру воздуха. Зато выяснилось, что они реагируют на .... почвы. Получается, что, вот то узкое кольцо является характеристикой именно засушливого года.

Итак, загадочная тонкое кольцо 1845 года свидетельствует об аномальной засухе. Неужели найдено еще одно доказательство глобального потепления? Но наука не терпит фальшивых сенсаций и преждевременных выводов. Исследование только началось. Его результаты будут известны через несколько лет. И все же некоторые выводы мы можем для себя сделать. За то, что нас ждет ……………….. жара, говорят:

- таяние вечной мерзлоты,

- увеличение концентрации парниковых газов.

О приближении ледникового периода свидетельствуют снижение активности Солнца и оживление ………………. .

Итог. Шансы, что в недалеком будущем наступит вечное лето, такие же, как у прихода глобальной зимы, 50/50. Ясно только одно- природа для человека книга, которую он все еще читает по слогам.

Абсолютных доказательств той или иной теории у ученых просто нет, как нет у человечества второй Земли, чтобы поставить контрольный ………………. и исключить влияние Солнца, парниковых газов или свое собственное. Что нас ждет: глобальное потепление или ледниковый период покажет только время.

ЗАДАНИЕ 9. Подготовьте презентацию на тему «Климат моего региона».

Красная Поляна
CHAPTER 7

ЗАДАНИЕ 1. Посмотрите видео. Ответьте на вопросы. Заполните таблицу.

- Где находится Сочи?
- Слышали ли Вы когда-нибудь о Красной Поляне?
- Нравится ли Вам горнолыжные курорты?
- Какими зимними видами спорта Вы занимаетесь?
- В чём для Вас счастье? Как можно стать счастливым?
- Где находится Красная Поляна?
- Сколько уровней на горнолыжном курорте?

1. Год, когда в Сочи была Олимпиада	
2. Цены на проживание в Красной Поляне	
3. Виды активного спорта, которым можно заняться в Красной Поляне	
4. Гедонист – это человек, который …	
5. Виды бассейнов в Красной Поляне	
6. Польза бани	
7. Красная Поляна для семейного отдыха	
8. Места в Красной Поляне, где можно сделать красивые фотографии	
9. Каюр – это …	

Непутевые заметки с Дмитрием Крыловым.

Привет. Хотите испытать счастье? Вопрос риторический. Конечно, скажете вы. И уточните. Счастье в чем? Да, вы правы. Счастье можно обрести в любви, в детях, в еде, в общении с природой, соприкосновении с искусством, в старости. А у нее, поверьте, есть свои счастливые моменты в собственном творчестве. Но сегодня я о счастье, которое возможно испытать, встав на горные лыжи. Вы узнаете этот пейзаж? Да, правильно. Это горнолыжный курорт Красная Поляна. Сразу сориентирую. Курорт Красная Поляна двухэтажный, вернее, двухуровневый. Эти уровни или этажи соединены канатной дорогой. Нижняя часть поляны

> 1. **обретать/обрести счастье** - find happiness
> 2. **соприкосновение** - contact
> 3. **горнолыжный курорт** - ski resort
> 4. **канатная дорога** - cable car
> 5. **осваивать/освоить** – to master
> 6. **манагеровская молодежь** *(сленг)* - manager youth
> 7. **лирическое отступление** - lyrical digression
> 8. **солидный курорт** - reputable resort
> 9. **наследние** – heritage
> 10. **вытянуть счастливый билет** - draw a lucky ticket
> 11. **гедонист** - hedonist
> 12. **склон** - slope
> 13. **кошачья лень** - cat laziness
> 14. **довольство** - contentment
> 15. **понежиться на солнце** - soak up the sun
> 16. **колыхать свою тушку** - shake your carcass
> 17. **бортик** - side
> 18. **заснеженные вершины** - snowy peaks
> 19. **отвага** - courage
> 20. **прорубь** - ice hole
> 21. **постоялец** - guest

540 находится, правильно, на высоте 540 метров, верхняя на 960 метров. Обитателей нижнего мира Поляна 540 в основном размещаются в апартаментах. Их почти полторы тысячи. Целый городской район. Здесь внизу, цены более демократичные по сравнению с четырех или пяти звездными отелями, что расположены в верхнем мире. Поэтому высоту 540 осваивают семьи с детьми, студенческая и манагеровская молодежь, часто приезжающие компаниями. Публика более респектабельная предпочитает селиться повыше. В качестве лирического отступления.

Очень личное. Впервые я встал на горные лыжи в 50 лет. И когда после страха и досады на себя за неумелость, после падения и типичных для новичка ошибок, все же пришло, наконец, ощущение единства своего тела и лыж. Вот тогда и возникло ощущение легкости и чувства, да-да, того самого счастья или свободного полета. И то, и другое, по ощущению почти выход в космос. В общем, сегодня мы выходим в снежный космос знаменитой Красной Поляны.

Красная Поляна, став местом проведения зимней Олимпиады 2014 года, вытянула счастливый билет, став самым престижным, самым популярным, самым любимым и самым солидным лыжным курортом нашей страны. И сегодня этим спортивным олимпийским наследием пользуются многочисленные любители активного отдыха в горах. Причем отдыха всесезонного, потому что не только зима, но и лето стало высоким в прямом смысле, горячим сезоном в Красной Поляне. Курорт очень молод, и как быстро растущий молодой организм в нем все так стремительно меняется, совершенствуется, что не успеваешь удивляться этим постоянным переменам. Да и сам он явно собой доволен. Нет-нет, не этот красавчик и симпатяга, курорт, я имею в виду.

Мы знакомились с сегодняшними возможностями зимнего отдыха через специальное бюро приключений. У них разработана уникальная программа под интригующим названием 100К. Это 10 различных форматов отдыха и более 100 развлечений на любой вкус, цвет, взгляд и кошелек. И для семей с детьми, и для молодежи, и для любителей экологического отдыха, и для, не побоюсь этого слова, гедонистов. Напомню, что гедонист - это человек, живущий и делающий все исключительно для наслаждения и получения удовольствия. Причем вовсе не обязательно плотского, но и духовного тоже. А поскольку всю территорию Красной Поляны можно обозначить как территория удовольствия, радости и любви, то гедонистом тут становится каждый. И эти картинки тому подтверждение. Благословенное время, которое на всех горнолыжных курортах называется après-ski, то есть после лыж. Чтобы насладиться этим временем, его надо заслужить. То есть честно, с отдачей всех сил откататься на склонах и лишь потом, на дрожащих от усталости ногах спуститься вниз. И этот переход от физической нагрузки к полному расслаблению и называется après-ski. И вот тогда, придав лицу выражение полнейшей кошачьей лени и довольства, можно понежиться на солнце или в полном релаксе колыхать свою тушку под высоко интеллектуальную музыку.

Впрочем, можно, конечно, и сразу приступить к après-ski, не изнуряя себя катанием. Некоторые, кстати, так и делают. На курорте популярны вот такие бассейны. На манагеровском новоязе они именуются «Инфинити» бассейны, то есть безграничные. В них словно бы нет бортиков, и вода будто переливается за линию горизонта. Безграничной в таких бассейнах делают ту сторону, за которой простирается наиболее привлекательной вид. Романтики любуются заснеженным вершинами, практики- видами барж.

1. **восточный колорит** - oriental flavor
2. **здешний спа** - local spa
3. **панорамные окна** - panoramic windows
4. **отрешение (отрешённость) от мира** - detachment from the outside world
5. **фишка (сленг)** - feature
6. **манагеры среднего звена** - middle managers
7. **нега** - bliss
8. **изысканный** - exquisite

Особой отваги на купание зимой на свежем воздухе не требуется. Вода во всех открытых бассейнах подогреваемая, да и многочисленные джакузи не похожи на проруби. Некоторые, не романтики в них полдня проводят, пренебрегая катанием на лыжах. Но это ведь тоже ведь счастье. Нет, неправильно сказал. Вид радости, удовольствия. Как любой другой респектабельный и престижный курорт, Красная Поляна предлагает различные варианты размещения, от просто комфортабельных до роскошных. В них постояльца окружают дизайнерские изыски буквально на каждом шагу в номере, в фойе, в спа, в ресторане. В таких интерьерах кажется, что стал героем какой-то сладкой, как пахлава, восточной сказки. Причем интерьеры этой сказки отнюдь не декоративные. Повсюду антикварная восточная мебель и множество деталей, создающих особый восточный колорит. Красиво, как сказали бы, среднего звена манагеры, атмосферно. Здешний спа, вероятно, впечатлит даже бывалого, и балованного любителя водных утех. Огромный бассейн в зале с высокими потолками и огромными панорамными окнами. За стеклом проплывают красные кабинки, уносящие мятежных на склоны. А здесь- нега и тишина, и полное отрешения от

84

всего. Одна из фишек курорта - баня, а не здесь, с таким изысканным меню процедур, что одно их чтение вызывает чувство удовольствия.

Почитал - и будто уже испытал все на своей тушке. Как сказала когда-то героиня фильма «Влюблен по собственному желанию» персонажу, пожелавшим ее. «Спасибо, Все. Считайте, что это уже произошло». Ну, можно и так, конечно. Но лучше все же испытать эти банные радости в реальности. Банщик Виталий в своем деле абсолютный виртуоз. Ну так 25 лет банного опыта даром не проходит. Про баню он знает все и говорит о ней как поэт.

У нас, обманщиков, главное, что такое правило в бане главное - не замерзнуть. Потому что, если ты чувствуешь в бане озноб, это значит, что ты перегрелся.

Удивительно, говорит Виталий, как медленно стираются в головах стереотипы. Мы словно залетели в баню с подружками в 90-е и никак оттуда не выйдем. А ведь баня она не про это. И даже не про помыться. Ведь баня глубоко очищает не только тело, она добирается и до самых потаенных уголков души. Баня — это магический ритуал, таинство. По словам нашего пар-мастера, одна баня в неделю это то же самое, что каждый день этой недели бегать трусцой.

- Главное после крепкого парения окунуться в ледяную купель.

И, конечно, не стоит прыгать в холодную воду, а тем более нырять с головой. Не делайте так никогда! Заходить надо постепенно, щадя свои сосуды. Вот теперь правильно. И еще важно - не есть за два часа до бани и после нее. Да, это испытание не из легких. Но баня-то запускает процесс восстановления, а еда сразу же после бани запускает процесс пищеварения и блокирует это самое восстановление. И вместе этим двум дорогам не сойтись никогда. В общем, с легким паром!

1. даром не проходит - doesn't go in vain
2. обманщик - deceiver
3. замёрзнуть - freeze
4. озноб - chills
5. потаённые уголки души - hidden corners of the soul
6. таинство - sacrament
7. бегать трусцой - jog
8. ледяная купель - ice font
9. нырять - dive
10. восстановление - recovery
11. с лёгким паром! - I hope you enjoyed your bath (steam)!
12. умудриться переболеть - manage to get over the disease
13. подлечить – to treat a little
14. сродни - akin

Нам показалось симпатично то внимание, что уделяется на курорте отдыху с детьми. Есть даже специальный семейный отель. Нет, конечно. В любом отеле можно разместиться с детьми, но именно здесь все, буквально все, сделано с учетом маленьких постояльцев. В ресторане даже обустроен специальный шведский для малышей стол. И каждый, кто еще не дорос до высоких столов, может обслужить себя сам. И главное, на радость себе можно выбрать не скучную кашу, а что-нибудь повкуснее, чего не дождешься от родителей. Впрочем, и каши тут хорошо идут. Тут есть и семейный медицинский центр. Нет, не дай Бог, конечно, если ребенок умудрился переболеть во время отдыха. Но уж если такое случилось, опытные детские врачи, как Чип и Дейл, придут на помощь. А еще в здешнем медцентре можно подлечить застарелые или свежеприобретенные травмы суставов. У лыжных катальщиков, и не только профессиональных, но и у нас, у чайников, это реальная проблема. Так вот, современные аппараты, лазеры и магнитно-ударная терапия вполне справляются с этими неприятностями. А с помощью такого агрегата сегодня можно добиться полного расслабления мышц сродни эффекту погружения в воды Мертвого моря.

Но только еще и массажным воздействием на каждую мышцу. Чудеса! Этот семейный отель гордится тем, что получил международный сертификат «Зеленый ключ». А это значит, что он подтвердил аж 140 параметров, соответствие международным и не только экологическим, но и образовательным, и обучающим требованиям в концепции под названием «Зеленый путь».

-И я провозглашаю: правильным путем идете, товарищи. Однако горы зовут. Во всех путеводителях по курорту написано, что катальный сезон длится с декабря по июнь. И такой продолжительностью местные очень гордятся. Нет, конечно, надо делать скидку на природу. Вернее, на ее сюрпризы. К примеру, начало этой зимы в горах не задалось. Снега не было до начала января. Как говорил классик: «Зимы ждала, ждала природа и дождалась». Но только тоже по классику. Снег выпал только в январе. Зато после первого январского снегопада склоны заполнились катальщиками. Самая высокая точка курорта- площадка на уровне 2200 метров. Здесь всегда шумно, людно, весело. По соседству находится гора-красавица с торжественно зловещим названием «Черная пирамида». Ее склоны обрывисты и круты. Летом их покоряют любители экстрима, альпинисты и скалолазы.

1. зловещий - sinister
2. не задалось - didn't work out
3. обрывистый и крутой склон - steep and steep slope
4. скалолаз - rock climber
5. умопомрачительный - mind-blowing
6. чёрная зависть - black envy
7. для пущей выразительности кадра - for greater expressiveness of the frame

На площадке Поляна 2200 находится самый молодой высокогорный парк аттракционов в России, «Горки Флай» называется. А еще есть зиплайн, самый высотный и длинный зиплайн в стране. Его длина почти 1030 метров. Правда, в зимний сезон полет на мегазиплайне доступен только для лыжников и сноубордистов. Но полетать над горной долиной можно и на супертролее. Он стартует на поляне 2200 с панорамной площадки со скоростью 100 километров в час и летит к подножию черной пирамиды, а затем возвращается на стартовую площадку. И если восторг и радость можно выразить в километр/минута, то это почти километр и семь минут полнейшего восторга и радости. Самое романтичное, конечно же, барышни выбирают в парке горные качели. Ну еще бы, какие умопомрачительные снимки можно сделать! А потом показывают подружкам и наслаждаться их черной завистью. Летом для пущей выразительности кадра они надевают развивающиеся платья и распускают волосы. Зимой, ну, зимой просто громко и пронзительно кричат от радости. Но фотографии, увы, это не передают. Но тотчас вспоминается: «Крылатые качели, летят, летят, летят».

Да, это светлая, красивая песня Евгения Крылатого и Юрия Энтина будто бы родилась здесь, когда они увидели эту красоту. Здесь же работает и школа инструкторов и для взрослых, и для детей. У родителей, что, решили отдать своего детеныша на обучение катанию, конечно же, масса вопросов к инструктору: будет ли безопасно обучение, не станет ли это стрессом для ребенка, как скоро он получит первые навыки и так далее. Мы тоже поинтересовались у инструктора Сергея, как идет процесс обучения детей.

- Ну, обычно в течение двух- трёх часов двигательный навык формируется, и ребенок уверенно, бесстрашно спускается на лыжах с синеньких учебных, зеленых учебных склонов. А дети более бесстрашно летят, и у них нет, не сформировался этот страх. И поэтому, конечно, дети быстрее, легче и проще учатся кататься на лыжах.

Кстати, знакомьтесь, это Синий медведь. Да, непростой, академический, из здешней академии райдеров. И все детеныши, обучающиеся в этой академии, конечно же, академики. В здешнем хаски- центре живут около 50 собакодуш и самоедов. И зимой у хасок много работы, они посменно катают детвору. Маршрут, конечно, не очень длинный. Горнолыжный курорт с его перепадами высот не позволяет уноситься с упряжкой в снежную даль. Но детвора счастлива и недолгой прогулке. Наверняка помнят колоритного Кола Бельды с его главной песенкой:

«За спиной летит снежок,

Мчатся нарты с кручи.

И трамвай- хорошо,

И троллейбус- хорошо,

И метро- хорошо,

А олени лучше!»

Каю́р — погонщик оленей или собачьей упряжки

Ямал — северный регион России

Прибывшие со своей исторической родины Ямала, эти олени точно лучше. Их погонщики, каюры, тоже уроженцы Ямала. Своих подопечных ребята любят и отлично знают их повадки. Например, если олень решил, что у него нет настроения выполнять команды каюров, вряд ли его кто-то сможет переубедить. Оттого часто на соревнованиях какая-то упряжку может неожиданно сменить курс или вовсе остановиться. Но наши северные братья по разуму, очень послушные. Если спросите, где можно увидеть самый красивый закат, я вам дам точный адрес.

Вот здесь, на смотровой площадке Поляна 2200. От того ближе к закату тут собирается особенная публика, любители тишины и созерцания. Умиротворение словно бы разлито в воздухе. Мягкий золотой свет все вокруг делает завораживающе красивым и ярким.

После заката жизнь плавно спускается вниз, в тот самый нижний мир Поляна 560. Перечислять, чем занимает себя курортная публика, банально. Да тем же, что во все времена на всех курортах мира, она делает одно и то же - заполняет кафе и рестораны, танцует под музыку диджея, глазеет на витрины, совершает покупки, бездумно планирует по улицам так, что вольемся и мы в их ряды. Приглашаю вас на вечерний променад. И в качестве лирического послесловия. Встать на горные лыжи никогда не поздно и в 50, и в 70 лет. Ведь желание испытать счастье свойственно любому, ну, кроме тех,

1. **переубедить** - convince
2. **подопечный** - ward
3. **разум** - intelligence
4. **созерцание** - contemplation
5. **умиротворение** - pacification
6. **завораживающий** - fascinating
7. **влиться в ряды** - join
8. **антресоли** - under-the-ceiling storage bin
9. **в самом разгаре** - at it's peak
10. **попутчик** - companion

кто утерял вкус к жизни. Но мы то с вами иные. Верно? Так что не откладывайте это желание на антресоли. Сезон катания на Красной Поляне в самом разгаре. Счастливо! Пока ваш попутчик. Д. К.

https://www.1tv.ru/shows/neputevye-zametki/vypuski/krasnaya-polyana-neputevye-zametki-vypusk-ot-12-02-2023

ЗАДАНИЕ 2. Послушайте песню, которую упомянул в своём видео Дмитрий Крылов. Заполните пропуски.

| ветер | апреле | птицы | крылатые |
| качели | кружится | взрослыми | дети |

В юном месяце ....

В старом парке тает снег,

И веселые ....

Начинают свой разбег.

Позабыто все на свете,

Сердце замерло в груди:

Только небо, только .... ,

Только радость впереди!

Только небо, только ветер,

Только радость впереди.

Взмывая выше ели,

Не ведая преград,

.... качели

Летят, летят, летят!

Крылатые качели

Летят, летят, летят.

Детство кончится когда-то,

Ведь оно не навсегда,

Станут .... ребята,

Разлетятся кто куда.

А пока мы только .... ,

Нам расти еще, расти:

Только небо, только ветер,

Только радость впереди!

Только небо, только ветер,

Только радость впереди.

Взмывая выше ели,

Не ведая преград,

Крылатые качели

Летят, летят, летят!

Крылатые качели

Летят, летят, летят.

Шар земной быстрей ....

От весенней кутерьмы,

И поют над нами птицы,

И поем как .... мы.

ЗАДАНИЕ 3. Послушайте другую песню, которую упомянул в своём видео Дмитрий Крылов. Заполните пропуски.

| рыжих | милиционера | густой | в гости |
| конь | тайгой | толкучки | медведем |

Едем, едем мы ....

И неудержимо

Лес таёжный, лес ....

Пролетает мимо.

За спиной летит снежок,

Мчатся нарты с кручи.

Борзый .... - хорошо,

И ишак- хорошо,

Ишак =осёл

И верблюд- хорошо,

А олени лучше!

За .... , где-то близ,

Волк несётся юркий.

Презирая .... лис,

Бродят чернобурки.

За спиной летит снежок,

Мчатся нарты с кручи.

Юркий волк- хорошо,

Чернобурки- хорошо

И медведь- хорошо,

А олени лучше!

Жаль, что занят я, друзья,

А не то без лени

К вам бы .... ездил я

Только на оленях.

За спиной летит снежок,

Мчатся нарты с кручи.

И трамвай- хорошо,

И троллейбус- хорошо,

И метро- хорошо,

А олени лучше!

Ни .... , ни возни,

Скажем для примера,

Ни борьбы за место нет

И ни ....

За спиной летит снежок,

нарты

чернобурка

Мчатся нарты с кручи.

Паровоз- хорошо,

Пароход- хорошо,

Самолёт- ничего,

А олени лучше!

ЗАДАНИЕ 4. Сравните две прослушанные песни (атмосфера, голос, музыка, языковые средства, ритм, видеоряд). Какая песня Вам больше понравилась? Аргументируйте.

ЗАДАНИЕ 4. Подготовьте презентацию. Сравните Красную Поляну с горнолыжным курортом в Вашей стране.

AUDIO & VIDEO materials

https://drive.google.com/drive/folders/1BZInFYBwmnEnFWL-PF-2S2eUdZC2aYpu?usp=drive_link

Аудио: Кирпичникова Э., Пивоваров Е.
Оформление: Кирпичникова Э.

Tesoro Language Center

www.tesorolc.com

Interesting Russian

www.interestingrussian.com

https://www.youtube.com/@interestingrussian

Recommendations for advanced-level textbooks:

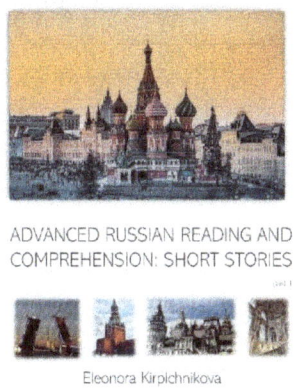

Copyright © 2024 by Eleonora Kirpichnikova
All rights reserved.
No part of this book may be reproduced, stored in a retrieval system, or transmitted in any form or by any means—electronic, mechanical, photocopying, recording, or otherwise—without the prior written permission of the publisher, except for brief quotations used in reviews or scholarly works.

This is a work of nonfiction. Names, characters, places, and incidents are the product of the author's imagination or used fictitiously. Any resemblance to actual events, locales, or persons, living or dead, is purely coincidental.

For information, contact:
interestingruss@gmail.com

Cover design by Eleonora Kirpichnikova
Published by Eleonora Kirpichnikova

Printed in the United States of America

Title: Exploring Offbeat Subjects for Intermediate to Advanced Russian Language Learners-2

Author: Eleonora Kirpichnikova

2024

ISBN: 978-1-969191-02-2

www.ingramcontent.com/pod-product-compliance
Lightning Source LLC
Chambersburg PA
CBHW060304010526
44108CB00042B/2673